走了真实的 教学

新课标下核心素养
课堂优秀课例集

胡 丹 | 主 编

卢晓芳 钟 颖 曹 斌 | 副主编

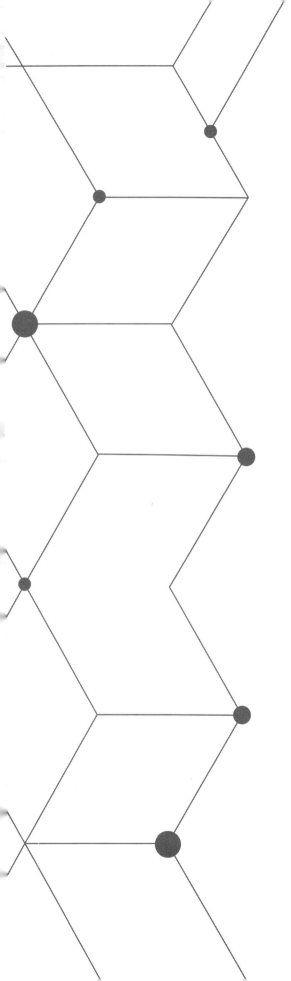

江西教育出版社
JIANGXI EDUCATION PUBLISHING HOUSE

·南昌·

赣版权登字-02-2024-222

图书在版编目（CIP）数据

基于真实的教学：新课标下核心素养课堂优秀课例集 / 胡丹主编. —— 南昌：江西教育出版社，2025.1

ISBN 978-7-5705-3890-4

Ⅰ. ①基⋯ Ⅱ. ①胡⋯ Ⅲ. ①课堂教学 – 教学研究 Ⅳ. ①G424.21

中国国家版本馆CIP数据核字（2023）第205463号

基于真实的教学——新课标下核心素养课堂优秀课例集
JIYU ZHENSHI DE JIAOXUE——XIN KEBIAO XIA HEXIN SUYANG KETANG YOUXIU KELI JI

胡 丹 主编

江西教育出版社出版
（南昌市学府大道299号 邮编：330038）

各地新华书店经销
江西省和平印务有限公司印刷
787毫米×1092毫米 16开本 17.5印张 280千字
2025年1月第1版 2025年1月第1次印刷

ISBN 978-7-5705-3890-4
定价：49.00元

赣教版图书如有印装质量问题，请向我社调换 电话：0791-86710427
总编室电话：0791-86705643 编辑部电话：0791-86705859
投稿邮箱：JXJYCBS@163.com 网址：http://www.jxeph.com

序 一

朱伟强

在当今这个信息爆炸的时代，教育领域正经历着一场深刻的变革。随着科技的飞速发展和全球竞争的日益激烈，拥有核心素养的人才成为国际竞争力的关键，核心素养的培养成为教育教学的核心目标。新课标的颁布与实施，不仅为教育工作者提供了明确的指导思想和课程目标，更为学生核心素养的培养指明了方向。为了更好地适应这一变革，深圳市南山外国语学校（集团）汇集了一系列新课标下以核心素养为导向的课堂优秀案例，旨在为教育工作者提供有益的参考和启示。

在新课标背景下，学生的核心素养培养被放到了核心地位。这不仅要求学生掌握扎实的学科知识与技能，更要求学生具备批判性思维、创新能力、合作精神等关键能力以及家国情怀的正确价值观。而这些核心素养的培养，需要教育工作者在教学实践中不断探索和创新。新课标下以核心素养为导向的课堂优秀案例集正是对这一需求的回应。通过收集和整理来自深圳市南山外国语学校（集团）文华学校义务教育阶段一线教师的教学案例，本书为教育工作者提供了具有参考价值的实践经验和教学方法。这些案例不仅展示了如何将新课标理念转化为教学实践，更提供了培养学生核心素养的有效策略和途径。

在编写这本书的过程中，学校深入挖掘了42个优秀教学案例，这些案例来自学校的一线教师，分为素养课例和项目式学习案例，涵盖了小学和初中学段的多个学科。我们发现，这些案例在教学理念、教学方法、教学资源等方面都具有一定的创新性和典型性，为新课标背景下核心素养的培养提供了有力支持。

在理念方面，这些案例强调以学习者为中心，落实课程核心素养，注重学生的个性化和全面发展。在教学方法上，这些案例充分运用了学科实践、情境教学、项目式学习、合作学习等新课标倡导的教学方式，让学生在真实的情境中探究问题、解决问题，培养创新精神和实践能力。同时，这些案例还注重跨学科整合，将不同学科的知识融为一体，帮助学生构建完整的知识体系，培养学科、跨学科核心素养。

此外，教学案例的结构也是这些案例的一大亮点。在素养课例中，每个案例都以目标确立依据、学习目标、评价方式（或评价标准、教学要求、学习重难点）、教学设计、教学反思等要素为一个完整的教学方案。在项目式学习案例中，每个案例又以项目式学习基本信息表、驱动性问题或任务、项目式学习目标、项目式学习活动和项目式学习评价等要素为一个完整的教学方案。两种不同类型的教学方案，均为一线教师撰写真实的课堂教学案例提供了完整的模板。

这本书不仅是对新课标精神的践行，更是对传统教育教学的创新和发展。本书的出版对于广大教育工作者来说是一次难得的分享和交流的机会。深入剖析这些案例，我们可以从中汲取一些先进的教育理念和教学经验，不断优化自身的教学方法，提高教育教学水平。同时，本书也为教育研究者提供了宝贵的实证材料和研究视角，有助于推动基础教育教学的改革和发展。在未来的教育实践中，广大教育工作者可以本书为契机，深入思考和积极探索落实核心素养培养的教学策略和方法，为培养具有国际竞争力的"三有"人才而不懈努力。

序 二

梁 明

真实性教学是一种回归本质、贴近生活的教育理念，本书正是对这一理念的深入实践和精心汇编。它不仅是一本教学案例集，而且是一本引导教师和学生共同探索、体验和成长的宝典。

书中的教学案例涉及面广，几乎涵盖了义务教育阶段的各个学科，从语文的深度阅读到数学的空间想象力，从科学的实证探究到艺术的创意表达，每一课例都是对核心素养的全面培养。这些真实的课堂教学案例很好地展现了如何在教学中融入跨学科的知识，如何激发学生的好奇心和创造力，以及如何在实践中培养学生的问题解决能力。

例如，在"二年级上册'美丽的叶子'"教学设计中，我们看到了一个将艺术与自然科学融合的课堂，学生不仅学习了树叶的形态美和色彩美，而且通过实践活动体验了人与自然和谐共生的理念。而在"五年级下册语文园地六"的教学设计中，学生通过了解人物的思维过程，加深了对课文内容的理解，并通过辨析古今字义，提升了语言表达的准确性和丰富性。

项目式学习案例中，如"六年级'比赛场地我做主'"，更是将真实性教学推向了一个新的高度。学生在教师的引导下，运用数学知识解决实际问题，从测量、规划到设计，每一个步骤都是对学生综合能力的考验和提升。

这本书的出版，是对当前教育改革的积极响应，也是对教师专业成长和学生个性化发展的深刻关怀。它不仅为教育工作者提供了丰富的教学资源和灵感，也为家长和社会各领域提供了理解和支持教育改革的新视角。

愿每一位读者，都能在这本书中找到属于自己的教学灵感和学习乐趣，共同探索教育的无限可能，培养出更多具有全球视野、创新精神和社会责任感的时代新人。

目录

◎素养课例

◎项目式学习案例

素养课例

三年级上册《在牛肚子里旅行》

◇课型 | 精读课　◇教材 | 统编版　◇授课教师 | 马广红

目标确立依据

◎ 课标分析

《义务教育语文课程标准（2022年版）》对第二学段识字与写字的要求包括：对学习汉字有浓厚的兴趣，养成主动识字的习惯；有初步的独立识字能力；写字姿势正确，养成良好的书写习惯；能用硬笔熟练地书写正楷字，做到规范、端正、整洁；能感知常用汉字形、音、义之间的联系，初步建立汉字与生活中事物、行为的联系，初步感受汉字的文化内涵。

本节课通过识字小游戏的形式，让学生对汉字学习产生浓厚兴趣，学生自己观察并提醒同学在书写方面需要注意的地方，培养主动识字和独立识字的能力。通过对比"旅""救"这两个字认真书写与不认真书写的差别，学生直观感受书写要做到规范、端正、整洁。教师在教授"嚼""吞""咽"三个汉字时，让学生结合生活与汉字字形，通过做"嚼""吞""咽"的动作，加深对汉字的理解，感受汉字的内涵。

在阅读与鉴赏方面，新课标要求用普通话正确、流利、有感情地朗读课文；初步学会默读，做到不出声，不指读；能联系上下文，理解词句的意思，体会课文中关键词句表达情意的作用；能初步把握文章的主要内容，体会文章表达的思想感情；学习圈点、批注等阅读方法；能对课文中不理解的地方提出疑问，乐于与他人讨论交流；能复述叙事性作品的大意，初步感受作品中生动的形象和优美的语言，关心作品中人物的命运和喜怒哀乐，与他人交流自己的阅读感受。

本节课设置"红头在牛肚子里的旅行路线是怎样的？"任务要求，让学生默读课文，圈出关键词后，试着填一填。教师通过抓住关键词"牛嘴""第一个胃""第二个胃"等梳理绘制出红头在牛肚子里的旅行路线图，进而让学生把握课文主要内容。通过路线图引导学生提出疑问：红头为什么能从牛的第二个胃又重新回到牛嘴里呢？引导学生拿起笔圈画、批注从文中找到的相关句子，并说一说自己的发现。学习课文过程中，教师引导学生从自己的旅行经历出发，感受青头和红头的心情，体会"非常要好的朋友"这句话的含义。最后，学生借助红头的旅行路线图，借鉴课文中表现主人公动作、心情的词句，把故事讲得更加丰富生动，在交流中进一步感受文中人物形象。

在梳理与探究方面，新课标要求尝试分类整理学过的字词；尝试发现所学汉字形、音、义和书写的特点，帮助自己识字、写字。

本节课在学习"嚼""吞""咽""笑眯眯""眼泪"等字词时采用分类学习的方式，引导学生发现汉字字形和字义的特点，把要写的字根据左右结构、上下结构和独体字分类，引导学生归类识记。

◎教材分析

这是一篇有趣的科学童话，将科学知识与童话完美结合。红头和好友青头玩捉迷藏的游戏时，红头不小心被大黄牛吞进了肚子。危急关头，青头沉着地安慰红头，给它出主意，帮助它从牛肚子里逃脱出来。

红头在牛肚子里的旅行路线图是贯穿全文的脉络。红头被大黄牛卷到嘴里—进了牛肚子—从第一个胃到第二个胃，又从第二个胃回到牛嘴里—和草一起被喷了出来，这一旅行路线蕴含着反刍的科学知识。牛肚子里一共有四个胃，前三个胃是贮藏食物的，只有第四个胃才是管消化的。牛吃草时，先不细嚼，而是把草吞进肚子里，等休息时把吞进去的草重新送回嘴里，然后细嚼慢咽，这样的过程就叫反刍。

课文在表达上有以下几个特点：第一，贴近生活。蟋蟀和牛都是大家熟悉的动物，捉迷藏也是学生经常做的游戏，从生活出发，写大家熟悉的事情，读者有亲切感。第二，在平常的生活中出现了不平常的事情：蟋蟀被牛吃掉了。于是故事有了悬念——蟋蟀后来怎么样了？在这个悬念下，课文不动声色地介绍了牛有四个胃、会反刍的科学知识。这样一来，读者就能在有趣的阅读中收获知识。第三，语言丰富而生动。文中对话大多单独成段，有丰富的提示语，形象地描绘了人物的心情变化，使得整个故事跌宕起伏，引人入胜。"蹦、爬、喊、跳、蹭"等动词，生动地刻画了青头的动作和神态，写出了青头在朋友遇到危险时沉着冷静的特点。

◎学情分析

三年级学生的思维正处于从形象思维向抽象逻辑思维过渡的阶段，他们有一定的抽象思维能力，但是仍然以形象思维为主。所以本节课让学生绘制红头在牛肚子里的旅行路线图，有助于学生梳理课文脉络，厘清思路，进而让学生理解反刍这种科学现象。

三年级学生在一、二年级学习生字、词语的基础上，已经初步具备独立识字与写字的能力。所以在本课识字、写字教学环节，教师引导学生自主观察并提醒需要注意的地方，让学生自主分类识记生字、词语，充分发挥学生的主体地位。

三年级学生喜欢模仿，已经初步能够从人物对话中揣摩体会人物的心情。本班学生善于朗读，所以本节课教师组织学生进行角色扮演，学生站在青头和红头的角度，发挥想象，分角色朗读，体会人物的心情变化，进而感悟青头和红头之间的真挚友情。

学习目标

1. 基础知识

分类识记"咱、偷"等10个生字，读准"答、应"等3个多音字，会写"旅、咱"等13个字，会写"旅行、要好"等18个词语。整理了解课文内容，厘清课文结构。

2. 基本技能

（1）初步学会默读课文，做到不出声，不指读。

（2）学会简单批注，能够用直线和波浪线分别画出描写青头和红头的表现的句子。

3. 核心素养

（1）培养思维能力。学会联想，能想象青头和红头在不同处境下的心情，进而对人物形象进行判断，在形象思维的基础上培养抽象思维能力。在旅行路线图的支架作用下理解反刍这一科学现象。

（2）学会语言运用。结合红头在牛肚子里的旅行路线图，尝试用自己的话复述这个童话故事。

4.情感升华

能用自己喜欢的方式找出证明青头和红头是"非常要好的朋友"的词句，体会它们之间的真挚友情。

评价方式

1.借助拼音教完生字后，去掉拼音，通过各种游戏形式考查学生对生字、词语的掌握情况，及时鼓励、表扬和督促，让过程性评价在课堂中生成。通过小组分享的形式，学生对课文内容进行概括和梳理，教师及时进行跟进评价。

2.在上课过程中，教师巡视了解学生默读情况，及时通过竖大拇指、送小红花、口头语言表扬等形式进行鼓励、表扬。通过小组分享，了解学生简单批注的青头和红头的表现情况，及时跟进表扬。

3.学生小组内复述故事、集体复述故事，教师及时点评学生复述情况，重点关注学生复述时能否讲清楚事情的起因、经过、结果。

4.在课堂的师生问答、交流对话中，如果学生能够从青头的动作、语言、神态中体会到它临危不惧、镇定从容的品质，教师也要及时进行表扬。

教学设计

◎教学环节

一、交流旅行经历，导入新课

教学活动

引导：

1.你们喜欢旅行吗?

2. 你们都去过哪些地方旅行?

3. 相信很多同学特别喜欢旅行,因为旅行不但能使我们开阔眼界,还能增长知识。在课本中,有一位旅客也进行了一次旅行。不过,它的旅行地点可有点特殊,它是在牛肚子里进行了一次旅行。这又是一种怎样的体验呢?

4. 接下来,让我们一起来学习《在牛肚子里旅行》。

5. 这个题目可真有意思。你有什么问题想问吗?

6. 大家有这么多的问题想问,说明你们特别爱思考。

7. 就让我们带着问题,走进课文吧。

设计意图

通过对"旅行的经历和体验"的话题进行交流,引出"在牛肚子里旅行又是一种怎样的体验?"的问题,导入课题。

评价要点

1. 能流利地介绍自己去旅行的地方。

2. 能根据课文内容提出有价值的问题。

二、初读课文,自主识字,了解课文内容

教学活动

1. 自学:

(1)正确、流利地朗读课文,圈出生字、新词。注意:读不通顺的地方,试着多读几遍。

(2)一边读一边思考自己的问题能否从文中找到答案。

(3)把不明白的问题写在书上空白处。

2. 认识字词:

(1)愉—偷,熟字换偏旁。

(2)嚼、吞、咽,这三个汉字有什么共同点?

(3)"笑眯眯"和"眼泪"怎么识记?

设计意图

1. 学贵有疑,让学生在读的基础上学会质疑和思考。

2. 用多种方法识字,帮助学生识记生字词。

评价要点

1. 正确、流利地朗读课文,读准字音,读通句子。

2. 正确认读生字词。

3. 用不同的方法识记生字词。

三、默读课文，了解课文内容，绘制旅行路线

教学活动

1. 一边读一边思考：按照事情发展的顺序，可以把课文分为哪几个部分？

2. 我们已经按照事情发展的顺序梳理出了文章各部分的内容，请你试着来说一说。

3. 这篇童话讲了一个怎样的故事呢？

设计意图

借助红头在牛肚子里的旅行路线图让学生理解课文思路。

评价要点

厘清红头旅行的路线。

红头在牛肚子里的旅行路线是怎样的？请你们默读课文，圈出关键词后，试着填一填吧。

4. 大家看，这是我填写的红头的旅行路线。你们填对了吗？请你们根据这张旅行路线图，说一说红头在牛肚子里是怎么旅行的。

师：你真棒，用上了这些表示先后顺序的词语，就把红头的旅行路线表达得特别清楚、有条理。

四、聚焦对话，体会人物内心，感悟真挚情感

教学活动

引导：

1. 那么，红头在牛肚子里旅行时，它是怎样的心情？

2. 好朋友青头又是怎样的心情？

3. 从哪里可以看出青头和红头是"非常要好的朋友"？

4. 这节课，我们就继续带着这些问题学习课文。

5. 这些是我们画出的描写红头表现的句子。你们能体会它当时的心情吗？从哪

设计意图

让学生从对话中体会人物的心理，进一步加深对友谊的理解。

评价要点

1. 分别找到红头和青头说的话。

2. 从人物对话中体会不同的心情。

3. 能够根据人物心理，进行角色扮演。

4. 能够说出自己对友谊的理解。

儿体会到的？

6. 小小的红头误打误撞地进入了牛肚子里，它此时特别恐惧，也非常无助，甚至到了绝望的地步。你们能试着体会这种心情，并以这种心情来读读红头的话吗？我听出来了，此时的红头特别伤心、难过。

7. 我们再来看看青头的表现吧。这些是我们画出的描写青头表现的句子。从它的表现中，你们体会出它当时又是怎样的心理呢？

师：你抓住了青头的动作，来体会它当时的心理。其他同学还有不同的体会吗？

师：看来，从青头的语言中，也能体会到它的心理。谁还有补充？

8. 角色扮演，朗读对话。

9. 我们体会着青头和红头对话时的心情，读出了相应的语气。那故事的结果是怎样的呢？课文里说，它们是一对非常要好的朋友，从哪里可以看出它们是非常要好的朋友呢？

10. 在生活中，我们也有自己的好朋友。读了这个故事，你们觉得应该怎样对待自己的朋友呢？

11. 红头的旅行，真是不可思议。正是作者将童话中丰富的想象和现实的科学知识巧妙地结合在一起，才让我们读到这样一个有意思的故事。

五、借助路线图，复述故事

教学活动

1. 下面，请同学们来进行故事接龙吧。

2. 我们可以借助红头的旅行路线图把握故事的主要情节。

3. 在此基础上，借鉴课文中表现主人公动作、心情的语句，把故事讲得丰富、生动。哪个小组愿意来试一试？

设计意图

学生借助红头的旅行路线图把握故事的主要情节，借鉴课文中表现主人公动作、心情的语句，完成故事接龙，将文中的故事内化为自己的理解。

评价要点

1. 能够把握故事的主要情节。

2. 讲故事过程中能将人物的神态、动作、心情讲清楚。

◎**作业设计**

1. 抄写本课生字词，完成知识与能力训练。
2. 画出红头在牛肚子里的旅行路线图，并借助路线图，把这个故事讲给家人听。
3. 有兴趣的同学可以读一读科学童话。

◎**板书设计**

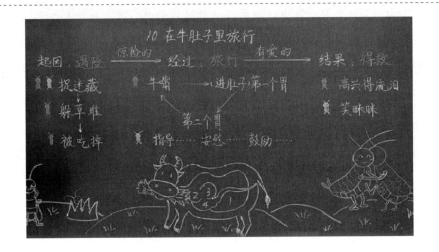

教学反思

　　本文是一篇科普童话故事，篇幅较长，但内容情节充满童趣。教学中教师主要抓住青头、红头两条线，帮助学生根据课文内容和课外资料补充、厘清红头的旅行过程，进而了解牛胃的构成及消化过程。同时指导学生抓住人物对话中的关键词句，体会青头和红头的心情和感受，在体会情感的基础上，分角色朗读。最后，让学生展开想象，借助红头在牛肚子里的旅行路线图，复述这个故事，在复述的过程中进一步了解牛胃的特点，这也给学生提供了说话训练的机会。学生在读、想、说的过程中将文本语言内化为自己的语言。

　　这节课也存在不足之处：因时间的关系，教学中的一些细节无法全部涉及，学生的训练效果有待课后进一步提升。学习目标也需要进一步在精心策划的教学活动中落实。

三年级上册习作"这儿真美"

◇课型 | 习作课　◇教材 | 统编版　◇授课教师 | 郭芷悦

目标确立依据

◎ 课标分析

《义务教育语文课程标准 (2022年版)》对第二学段的表达与交流有以下几点要求：

1.乐于用口头、书面的方式与人交流沟通，愿意与他人分享，增强表达的自信心。

2.观察周围世界，能不拘形式地写下自己的见闻、感受和想象，注意把自己觉得新奇有趣或印象最深、最受感动的内容写清楚。尝试在习作中运用自己平时积累的语言材料，特别是有新鲜感的词句。

3.学习修改习作中有明显错误的词句。

以上三点与本课的两个教学目标相对应：

1.能仔细观察一处景物，围绕一个意思用一段话写下来，并能主动运用平时积累的描写景物的词语。

2.能自己改正错别字，并乐于和同伴分享观察到的美景。

◎ 教材分析

本单元的习作话题与要求跟单元课文联系紧密。本单元围绕"祖国河山"编排了4篇描写美景的课文，在课文教学中，教师要帮助学生领悟表达方法，在习作教学中，则要以课文的典型段落引路，使学生有章可循、有例可依，降低习作难度。

本单元习作第一部分首先以"花园、果园、田野、小河"等常见地点唤醒了学生对周围美景的记忆；第二部分提出了本次习作的要求，一是写之前仔细观察，二是试着运用从课文中学到的方法，围绕一个意思写；第三部分对写后的修改和交流提出了具体的建议。教材还要求学生习作时尽量运用阅读中积累的描写景物的词语，并附以词例和泡泡提示，为学生描写景物提供了必要的语言材料。

◎学情分析

在本单元课文的学习中，学生已经积累了一些描写景物的表达方法，在本次习作中教师可以引导学生运用。第五单元的学习落实了留心观察的要求，也要求学生将观察所得用文字表达出来，本单元习作是对上一单元学习的进一步巩固。

第三、四单元习作已经要求学生写好后看看句子是否通顺并用学过的修改符号改正明显的错误，本单元的修改要求与之前一脉相承，进一步培养学生修改习作的意识，提高学生运用修改符号和发现、改正错别字的能力。学生把习作读给同学听，分享自己笔下的美景，在交流中体会习作的成就感和愉悦感。

学习目标

1. 基础知识

用文字表达，修改错别字。

2. 基本技能

能仔细观察一处景物，围绕一个意思写一写自己身边的美景。

3. 核心素养

运用语言文字表现美，感受他人作品之美。

4. 情感升华

乐于和同伴分享观察到的美景。

评价方式

1. 学生完成习作并自评后，同桌之间互相修改评价。
2. 对照"美景再现指南"，同桌之间互相评价，并给对方写评语。
3. 生生互评，学生自荐或互荐。
4. 生生互评，教师引导总结。

教学设计

◎教学环节

一、单元回顾

教学活动

回顾本单元《富饶的西沙群岛》《海滨小城》《美丽的小兴安岭》三篇写景文章的表达方法，总结写作的方法。

设计意图

回顾本单元所学的写作方法与行文结构，为写作做好准备。

评价要点

学生是否能够结合本单元所学课文，说出课文中运用的写作方法。

二、写作指导

教学活动

明确习作内容，一起编写"美景再现指南"。

设计意图

引导学生写景前先确定写作的中心与重点，围绕一个意思写清楚。注意写作时要有顺序，文字要有感情、有美感。

评价要点

学生是否能够结合自身经验，梳理出所写景物的美妙之处，并按照一定的顺序用有感情且生动的语言描写美景。

三、完成习作与修改

教学活动

结合"美景再现指南",完成习作,并按要求进行修改。

设计意图

学生运用所学的写作方法,描写身边的美景,并运用修改符号修改自己习作中的明显错误。

评价要点

1. 是否围绕一个意思写。
2. 是否按照一定顺序写。
3. 是否抓住了景物特点。
4. 是否用上了积累的词语和方法。

四、习作修改与评价

教学活动

开展美景再现大赛,学生互相评价,修改同学的作品,并进行交流与展示。

1. 预赛:小小啄木鸟(互相检查错别字)。

2. 初赛:美景对对碰(结合"美景再现指南"的五个"有",同桌之间互评星级,并给对方留下评语,评语要求包括三个"一"——一个优点、一个缺点、一个建议)。

设计意图

1. 落实"改正错别字"的习作要求。
2. 培养学生和同伴分享想法与作品的兴趣。
3. 以生生互评的方式巩固本次习作要求。

评价要点

1. 是否围绕一个意思写。
2. 是否按照一定顺序写。
3. 是否抓住了景物特点。
4. 是否用上了积累的词语和方法。

3. 决赛:美景再现大师(自荐或推荐同桌,其他同学结合评价要点进行点评)。

◎作业设计

完成习作并修改习作，修改要求如下：

1. 格式：第一行中间写标题，每一段开头空两格。

2. 朗读自己的作品三遍，检查有没有缺字、多字、错别字，运用修改符号修改。

设计意图

培养学生修改习作的意识，提高学生运用修改符号和发现、改正错别字的能力；学生的积累水平与修辞手法的运用水平不一，对此不作必要的习作要求，有能力的学生可以尝试用积累的词语与方法修饰自己的文章。

3. 用字典查自己用拼音代替的字。

4. 结合"美景再现指南"，围绕一个中心、几个重点写，要有顺序，并抓住景物的特点，最好能用上积累的好词和修辞手法。

◎板书设计

"五"中生有	溢美之词
有中心	好词
有重点 有感情	
有顺序 有美感	修辞

教学反思

1. 在教学过程中教师注意到了要提醒学生对美景之美做好取舍，选最美、最有特点的来写，帮助学生确定了写作对象。

2. 以生生互评的方式提高了学生的课堂参与度，在落实习作要求的同时也给了学生更多表达与展示的机会。

3. 部分学生运用修辞比较生硬、突兀，表达的情感不够真实。在写作教学中，教师要继续注意引导学生写真实的事物，表达真实的感受，不能为了让语言变美而堆砌辞藻或生搬硬套各种写作手法。

四年级下册《塞下曲》

◇课型 | 古诗词鉴赏课　　◇教材 | 统编版　　◇授课教师 | 刘泉泉

目标确立依据

◎课标分析

　　《义务教育语文课程标准（2022年版）》第二学段阅读与鉴赏第4条提出学习古诗文的基本要求：诵读优秀诗文，注意在诵读过程中体验情感，展开想象，领悟诗文大意。

　　这就意味着在本学段古诗的教学过程中，教师应重点把握好诵读这一教学手段，让学生在诵读中掌握重点字词，领悟古诗大意，体验诗文表达的情感，同时，做到既读得进去，又读得出来，延伸出更丰富的、超越诗文本身的想象。

◎教材分析

　　本课出自统编版语文四年级下册第七单元。本单元以"人物品质"为主题，语文要素是"从人物的语言、动作等描写中感受人物的品质"，旨在引导学生仔细研读文本，发现人物的品质是如何通过人物的言行表现出来的，并能够受到人物品格的感染。作为本单元的古诗教学，本课虽不必刻意落实语文要素，但教师仍然可以引导学生在读通、读懂、熟读成诵的基础上，体会古诗所展现的人物品质，从而使学生受到诗中人物品格的感染。

◎ 学情分析

学生经过几年古诗文诵读积累，诵读理解本诗大意对他们来说难度不大，但由于本诗描写的场景、事件、群体均与学生的日常生活相去甚远，所以在领悟本诗情感方面，需要设置专门的教学环节引导学生加深体会。

学习目标

1. 基础知识

读通诗句，读准多音字"单"，会写"雁"字。

2. 基本技能

有感情地诵读古诗，通过看注释、查阅资料、边读边想象等方法，感知古诗大意。

3. 核心素养

在理解古诗大意和感知情感的基础上，结合想象，续写古诗中的战争场面。

4. 情感升华

感受戍边将士们英勇威武的豪迈气概，珍惜当下的和平、幸福生活。

评价标准

1. 学生能否读通诗句，读准多音字"单"，会写"雁"字。

2. 通过看注释、查阅资料、边读边想象等方法，学生能否读懂古诗大意，并有感情地诵读古诗。

3. 学生通过想象，能否为本诗续写追击后的战争场面。

4. 学生通过本诗的学习，能否深刻感受到戍边将士们英勇威武的豪迈气概，并联系当今我国戍边战士的英雄事迹，领悟到当下的和平、幸福生活都是因为有人在替我们负重前行，从而更加珍惜当下的生活。

教学设计

◎教学环节

一、回顾旧知

教学活动

1.背诵四年级上册学过的两首古诗:《出塞》和《凉州词》。

2.体会这两首古诗的共同点。

> **设计意图**
>
> 了解唐代边塞诗,引入课题。
>
> **评价要点**
>
> 学生是否能够通过回顾旧知,归纳共同点。

二、读准字音

教学活动

1.自由朗读古诗,读准字音。

2.指名朗读,纠正读音。

3.识记多音字:"单"。

4.结合字源,学会写"雁"字。

> **设计意图**
>
> 读准字音,读通诗句。
>
> **评价要点**
>
> 学生是否能够读准字音,读通诗句。

三、读好韵律

教学活动

1.替换词语,体会押韵:飞高——高飞、遁逃——逃遁、弓刀——刀弓。

2.师生合作读。

> **设计意图**
>
> 感受诗歌韵律,读好节奏和韵律。
>
> **评价要点**
>
> 学生是否能够体会韵脚,读好节奏和韵律。

四、读懂诗意

教学活动

1. 梳理场景："单于趁夜逃遁""将士冒雪逐敌"。

2. 提问引导："这是一个怎样的夜晚？"

3. 词语拓展：用四字词语描述"遁逃"（丢盔弃甲、仓皇逃窜、落荒而逃……）

4. 小组讨论：最后两句描述了怎样的场面？可否将"满"换成"落"？

设计意图

体会景物描写的作用，感受边关气候之恶劣，从而凸显戍边将士们的英勇无畏。

评价要点

学生是否能够体会景物描写的作用，感受戍边将士们的英勇无畏。

五、感悟品格

教学活动

1. 提问激疑：在如此恶劣的环境下，为何"欲将轻骑逐"？这体现了戍边将士们怎样的品质？

2. 结合现代戍边英雄的案例，进一步感受戍边将士们保家卫国、英勇无畏的豪迈气概。

3. 齐读古诗，读出情感。

设计意图

引导学生感悟当今的幸福生活是因为有无数人在替我们负重前行，从而激发学生对戍边将士们"舍小家为大家"的高贵品格的崇敬之情，以及对幸福生活的珍惜之情。

评价要点

学生是否能够结合现在的生活，理解当今幸福生活的来之不易。

六、写出想象

教学活动

拓展延伸，续写结尾：将士们追上了敌军吗？遇到了哪些困难？是否发生了战斗？场面如何？借助这些问题，发挥自己的想象，为本诗续写结尾。

设计意图

引导学生延伸想象，写出战争场面，进一步感受戍边将士的豪迈气概。

评价要点

学生是否能够发挥想象，运用一定的写作方法续写古诗结尾。

◎作业设计

----

1. 背诵古诗。

2. 继续完成结尾续写。

3. 读一读卢纶的《和张仆射塞下曲·其二》，感受诗中蕴含的情感。

◎板书设计

塞下曲

逃　　逐

保家卫国

英勇无畏

教学反思

1. 教学过程中教师做到了循序渐进，一步一步引导学生进入诗境，从最简单的"读准字音"到"感悟品格"，帮助学生最大程度地挖掘了本诗的含义和体现的价值观。

2. 注重以核心问题激疑，通过提问的方式，引导学生深入思考。

3. 部分学生受想象力和现实经验的限制，在最后续写结尾的环节，场面描写不够具体，在后续的教学中，教师要注意引导学生增加阅读量和积累现实经验。

五年级下册语文园地六

◇课型 | 新授课　◇教材 | 统编版　◇授课教师 | 周晓妍

目标确立依据

◎ 课标分析

《义务教育语文课程标准（2022年版）》对第三学段的"识字与写字""阅读与鉴赏""表达与交流""梳理与探究"提出了具体的要求，包括以下几个方面：

1. 识字与写字：有较强的独立识字能力；感受汉字的构字组词特点，体会汉字蕴含的智慧，在书写中体会汉字的优美。

2. 阅读与鉴赏：（1）默读有一定的速度；学习浏览，扩大知识面，根据需要搜集信息；在交流和讨论中，敢于提出看法，作出判断。（2）能联系上下文和自己的积累，辨别词语的感情色彩，体会其表达效果。（3）能从图文等组合材料中找出有价值的信息；能简单说出自己的感受，体会作品情感。（4）背诵优秀诗文，注意通过文本体味作品的内容和情感。

3. 表达与交流：听人说话认真、耐心，能简要转述；乐于表达，表达有条理，能说清自己的观点。

4. 梳理与探究：分类整理学过的字词，初步运用多种方法整理和呈现信息，初步了解查找资料、运用资料的基本方法。

◎ 教材分析

本单元"语文园地"的学习目标是帮助学生感悟、积累和运用语言，训练学生的基本技能。教师在教学前，要思考如何循循善诱，指导学生掌握基本学法，让学生掌握基础和科学的学习方法，从而不断提高语文学习的本领。

◎**学情分析**

五年级学生的预习能力和思维能力都比较好，上进心和求知欲都比较强；绝大部分学生的语文基础比较扎实，听、说、读、写、背等各项能力也都比较强，乐质疑，敢大胆表现自己。但仍旧有个别学困生，因此教师需要设计分层教学目标，照顾到各水平层次学生的学习需求，激发学生的学习热情，培养学生良好的学习习惯。

学习目标

1. 基础知识
了解人物的思维过程，加深对课文内容的理解；背诵、积累关于年岁的别称。
2. 基本技能
通初步学会辨析古今字义的异同，学习并掌握叶圣陶先生修改作文的方法。
3. 核心素养
在情境中辨析古今字义的异同，学习巧用"时间"来表达内心的情感体验。
4. 情感升华
借"时间"准确表达内心的情感体验，感受思维成长变化的过程。

评价标准

1. 知道人物的思维过程，会背诵关于年岁的别称。
2. 能清楚解析人物的思维过程，会辨析古今字义的异同，能掌握叶圣陶先生修改作文的方法。
3. 能在情境中准确辨析古今字义的异同，学会巧用"时间"来表达内心的情感体验。
4. 在感受人物思维变化的过程中加深对年岁别称的理解，感受汉语语言表达的优美和丰富，产生与古人的情感共鸣。

教学设计

◎教学环节

一、跟着作家学思维

教学活动

学习"交流平台"：了解思维过程，加深对内容的理解。

1. 创设情境，回顾方法：通过学习本单元课文，我们掌握了通过了解人物的思维过程深入理解课文内容的方法。以《田忌赛马》和《跳水》两篇课文为例，快速地回顾这个方法。

2. 交流讨论，引导总结：在生活中遇到问题，也应该先分析当时的情况，再选择合适的解决办法。

3. 练习巩固，学以致用：如果你遇到当时的情况，你会用什么办法去解决？

（1）四人小组交流讨论。

（2）全班交流汇报。

（3）教师小结。

设计意图

1. 创设情境，设计核心大任务。

2. 落实线索，分解子任务。

3. 有效训练学生的口头表达能力和总结提升能力。

4. 有目标地训练学生的思维能力。

评价要点

1. 学生是否能先忆后说，带着自己的理解回顾课文脉络，充分把握文脉。

2. 学生是否能理解文意，并有依据地分享体会，做到言之有序。

二、跟着作家学观察、表达与修改

教学活动

【我是小小观察员】

词句段训练1：观察和发现古今字义规律，试着用今义推知古义。

1. 导入：汉字的古今义有的相同，有的不同。读读课本上的词语，说说你在加点的字中发现了什么。

2. 找规律。

（1）学法指导："吾盾之坚"和"坚固"中的"坚"是同义。（每组词语左边一列和右边一列的加点字，意思是相同的）

（2）小组交流。

（3）小组代表汇报发言。

（4）教师首次小结。

（5）小练手：运用这种学习方法来解释字义。

（6）指名回答，全班交流。

（7）教师再次小结。

【我是小小表达员】

词句段训练2：巧用时间描写，融入人物情感。

1. 图画导入：看图画，读句子，说体会。

2. 指名读，教师指导。

3. 四人小组交流讨论：从加点部分发现了什么？

4. 小组代表发言，教师适时点拨。

5. 让我们再来看这两位同学写的，他们也同样巧用时间描写来表达了内心的情感。（指名读）

6. 小练手：巧用时间描写来表达情感。

7. 全班交流。

8. 教师总结：学习在时间描写中融入人物情感的表达方法。

设计意图

1. 有指导性地训练学生的观察能力和发现能力。

2. 有针对性地进行学法指导，让学生有"法"可"依"，习得方法。

3. 设计"小练手"环节来巩固学习效果。

评价要点

1. 学生是否能用心思考，找出加点字的异同。

2. 学生是否习得了学法，并能运用自如。

设计意图

1. 旨在引导学生通过朗读，体验到时间的长短是根据情感的需要来确定的。

2. 引导学生用"小练手"来检验和巩固学习效果。

评价要点

1. 小组的交流是否顺畅有效。

2. 学生是否掌握了学法，并能运用自如。

【我是小小修改师】

词句段训练3：阅读材料，掌握修改方法。

1.继续学习如何修改作文。读片段，说说你对叶圣陶先生为一位中学生修改的作文有什么感受。

2.小组交流讨论对叶圣陶先生的修改有什么感受。组长记录并整理组员意见。

3.小组代表汇报发言。教师随机点拨。

4.出示修改符号，认识修改符号。

5.拓展训练：请你用修改符号修改病句。

（1）指名回答。

（2）教师点拨，肯定表扬学生。

6.补充资料：阅读肖复兴的《那片绿绿的爬山虎》。

7.小结：修改习作要向叶圣陶先生学习用字的准确性，把长句改成短句，删除多余的词使句子简洁规范，认真仔细地把习作修改得更好。

设计意图

1.在教学过程中，关注学生过程性表现，引导学生利用学习任务单来归纳总结。

2.通过阅读肖复兴的《那片绿绿的爬山虎》，感受叶圣陶先生修改作文的仔细、认真、准确和规范。

评价要点

1.评价是否言之有物。

2.学生对修改符号的掌握是否到位。

三、跟着古人学年龄称谓

教学活动

学习"日积月累"，了解古代年岁称呼，感受人一生的成长变化过程

1.看视频，激趣导入。古代对年岁的称呼真有意思！

2.自由读、齐读古代对年岁的称呼。

3.学生质疑，互助释疑。教师点拨。

4.练习巩固：你问我答游戏。

（1）同桌互考。

设计意图

引导学生了解古代对年岁的称呼，了解这些称呼展示的是人从少年到老年的变化过程，也展示了人的思维成长过程。

评价要点

1.学生是否了解古代对年岁的称呼。

2.在练习巩固环节，学生是否能熟练背诵。

（2）师生互考。

5. 熟读成诵：

（1）男女对读。

（2）小组对读。

（3）练习背诵。

6. 拓展延伸：十三四岁前的年岁称呼。

7. 小结：古人的年龄称谓来源不一，大多根据不同年龄的生理特征而命名。希望同学们课后查阅资料，收集整理更多有关古人年龄称谓的词语。

四、跟着心声来总结

教学活动

总结收获，巩固方法：

1. 说说学完了这个单元，你有什么收获？

2. 学生总结，各抒己见。

3. 教师点拨，归纳提升。

> **设计意图**
> 引导学生学会总结提升。
>
> **评价要点**
> 1. 学生是否能说出本课学习的收获。
> 2. 学生是否有比较清晰或独到的见解。

◎作业设计

以下作业分必做和选做两项，请同学们各取所需，快乐完成：

一、必做作业：

1. 背诵关于年岁的称呼。

2. 积累四组体现古今字义的异同的例子。

> **设计意图**
> 对基础知识的掌握，要求人人过关。

二、选做作业（至少一项，鼓励多做）：

1. 我帮自己聚沙成塔：查阅资料，收集整理更多有关古人年龄称谓的词语。

2. 我帮自己表情达意：写一两句话，巧用"时间"来表达自己内心的情感体验。

3. 我帮同桌锦上添花：用从叶圣陶先生那里学到的方法，帮同桌修改第五单元的作文。

> **设计意图**
>
> 用"助己＋助人"的办法来激发学生的兴趣。

◎板书设计

语文园地六

了解思维过程——加深理解内容

辨析古今字义——推测文言意思

巧用时间描写——融入人物情感

掌握修改方法——作文更上层楼

八种年岁别称——年岁思维变化

教学反思

本单元的"语文园地"教学，始终围绕"任务群"来创设学习情境，旨在通过"情境"引导学生乐于学习和主动学习，教学目标直接指向如何更好地帮助学生贴近生活而学，以达到学习是为了"实用和实战"的目的。教师根据如何观察、如何思考、如何总结、如何应用等思路，将活动分解为"跟着作家学思维""跟着作家学观察、表达与修改""跟着古人学年龄称谓""跟着心声来总结"四项任务，具体、清晰地落实了教学目标，更激发了学生主动学习的求知欲。课后作业也特别关注各层次学生的水平，采取分层作业来检验不同层次学生的学习效果。

五年级下册习作"神奇的探险之旅"

◇课型|习作课　　◇教材|统编版　　◇授课教师|孙明雨

目标确立依据

◎课标分析

《义务教育语文课程标准(2022年版)》对第三学段的写作提出了这样的要求:

1.懂得写作是为了自我表达和与人交流。养成留心观察周围事物的习惯,有意识地丰富自己的见闻,珍视个人的独特感受,积累习作素材。

2.能写简单的纪实作文和想象作文,内容具体,感情真实。能根据内容表达的需要,分段表述。学写读书笔记,学写常见应用文。

3.修改自己的习作,并主动与他人交换修改,做到语句通顺,行款正确,书写规范、整洁。根据表达需要,正确使用常用的标点符号。习作要有一定速度。课内习作每学年16次左右。

◎教材分析

统编版语文五年级下册第六单元的导语提到"思维的火花跨越时空,照亮昨天、今天和明天",意为社会和文化的发展从古至今都离不开思维的碰撞,思维点亮了人类的历史、现在和未来。因此,第六单元的主题是培养和发展学生的思维能力。

第六单元的整体教学目标是"了解人物的思维过程,加深对课文内容的理解",写作目标是"根据情境编故事,把事情发展变化的过程写具体"。

习作部分给出人物、场景、装备、险情方面的选项,先让学生根据自己的爱好和性格特点进行选择，然后想象可能遇到的各种困难，再思考克服困难的方法。在教学过程中，教师不仅要引导和启发学生思考"可以用什么办法，这些办法怎么用，会产生怎样的结果"，而且还要引导学生在写作时合理地运用细节描写，最后还应教会学生修改习作的方法。

◎学情分析

第六单元课文意在培养学生的多元思维能力，五年级的学生逻辑思维有一定的发展，但他们平时在多元思维方面训练较少，思维能力不够完备。在习作之前，教师要引导学生先将本单元的课文学透，掌握不同文章的思维方法，再综合运用在习作中。

学习目标

1. 基础知识

读懂题目要求，能抓住关键要点审题。

2. 基本技能

想象不能脱离实际，要合理。

3. 核心素养

学习设计情节，学会按思维的逻辑顺序，根据探险的起因和目的，确定探险的路线、场景，并选择必要的装备和伙伴。善于运用列提纲的方式，把作文思路呈现出来。

4. 情感升华

通过习作故事的设计表达一种道理。

评价标准

1. 学生能准确地找出题目中的关键词语。

2. 人物之间关系合理，故事情节设计合理。

3. 学生能通过人物和事件的设计，体现想表达的道理。

教学设计

◎教学环节

一、想象导入新课

教学活动

导入：同学们，每当夜晚降临，望向星光点点的夜空，你会想些什么呢？

你会不会想到要脱离学校、摆脱父母，不用面对枯燥的课本，不用直面考试的压力，

设计意图

教师通过语言描述，给学生创设夜晚星空的情境，让他们自由地想象，为下文的讲述作铺垫。

来一次放飞自我的探险之旅呢？想必一些同学已经迫不及待，想马上畅游在自己设计的旅程里。今天，我们要走进的是一个探险世界，让我们一起读一读题目——神奇的探险之旅。

二、学习审题技巧

教学活动

师：同学们，读一读标题。从标题中，你读懂了哪些信息？

1.用幻灯片出示审题步骤：

（1）找到中心词。

（2）找到文体提示词。

（3）找到修饰语。

2.读一读书上的习作要求，分板块进行解读。

设计意图

教学生审题的步骤和技巧。

三、合理想象，明确探险目的

教学活动

师：同学们，你们读过哪些探险小说？主人公们探险都是为了什么？令你印象最深刻的是谁？

1. 出示探险故事的目录，说一说：从标题上看，人们探险是为了什么？

2. 总结几类探险的目的：一是与动物之谜有关，二是与人类之谜有关，三是与地理之谜有关，四是与宝藏之谜有关，五是与探险家之死有关，等等。

3. 设想第一步：想象要合理，不能脱离实际。

四、赏析探险名著，学习设计步骤

教学活动

1. 用幻灯片出示《金银岛》和《鲁滨逊漂流记》的结尾段落。

师：同学们，围绕这个题目，你会最先设计故事的哪几个要素呢？

2. 设想第二步：围绕起因和目的设计探险旅行路线。

3. 学一学：设定起因和目的。

以《金银岛》和《鲁滨逊漂流记》的开篇段落为例，找出主人公探险的起因和目的，以及大致路线。

4. 小组交流：

（1）回想你读过的探险故事，说一说你最喜欢的一个。

（2）你所读的这个故事的起因和目的是什么？

（3）主人公的探险路线是怎样的？

师：刚刚我们所寻找的始发地、目的地以及将会经历的场景，组合起来就是一条完整的探险路线。

5. 练一练：请你动笔设定你的探险故事的起因和目的，并想象设计一条基本的探险路线。（教师出示一张旅游路线图，学生借鉴参考并展示交流）

6. 图文结合：画一画旅途中可能会遭遇什么样的险情，展示并交流。（提示：此处要与自己的路线图相结合，将何时、何地遇到什么样的困难画出来或写出来，也可以图文结合）

7. 设想第三步：根据探险路线设计可能出现的险情。

8. 小组同学画一画：请你选定一名同学设计的一种险情，试着将情境的惊险之处简要说一说。（教师以表格的形式，给出描述参考；学生展示交流）

师："万事俱备，只欠东风。"当我们把一切准备好时，主角们该登场啦！在探险的道路上，少不了伙伴的帮助和支持，也少不了必要的探险装备。接下来，同学们要为自己的探险之路增加几位伙伴，可以想一想他们的技能或性格特点，然后思考你和伙伴们需要哪些装备。

9. 设想第四步：根据将要经历的险情选定伙伴和装备。

五、总结回顾设计步骤

教学活动

总结设想步骤：

1. 设想第一步：想象要合理，不能脱离实际。

> **设计意图**
>
> 帮助学生回顾与总结设计步骤，学习写作的方法。

2. 设想第二步：围绕起因和目的设计探险旅行路线。

3. 设想第三步：根据探险路线设计可能出现的险情。

4. 设想第四步：根据将要经历的险情选定伙伴和装备。

一个完整的探险故事呼之欲出。

六、结合提纲范例，列出提纲

教学活动

学生列提纲。

> **设计意图**
>
> 给学生时间当堂思考，培养其当堂列提纲的能力。

七、课堂小结

教学活动

师总结：今天这堂课，我们学习了如何一步步设计一个完整的探险故事——设定探险的起因和目的，设计路线、想象场景，

> **设计意图**
>
> 总结本节课教学内容。

选择装备与伙伴，完成作文提纲。光有探险的情节还不够，想要让探险旅程充满神奇的色彩，我们不仅要让故事情节有波澜，还要让里面的人物角色闪闪发光。下一节课，我们就要学着让作文内容充满魅力。

八、分享提纲，分享精彩

教学活动

学生先在小组内分享，再在小组中推选优秀代表进行全班分享。

> **设计意图**
>
> 优秀作品展示，给其他同学带来参考，给予激励。

◎作业设计

1. 设计探险路线图。

2. 在路线图的基础上增加险情。

3. 结合起因、目的及路线与险情，增加相关的人物。

4. 给自己的探险故事绘制一幅思维导图，并将关键信息提炼出来。（可参考教师画的思维导图）

> **设计意图**
>
> 1. 第1项至第3项作业都是在课堂上完成，意在当堂训练培养学生的作文思维能力。
>
> 2. 课后修改完善，培养进行自我评价与同学互评的能力。

5. 根据思维导图，将关键信息提取出来，尝试列出提纲，组内分享评价。

◎板书设计

神奇的探险之旅

（结尾）→起因→始发地、目的地→设计路线→险情

↓

伙伴、装备

教学反思

学生在整个教学过程中都很感兴趣，喜欢想象与创造，第一课时基本能初步设定探险的起因、目的、路线、险情及人物。在列提纲时，学生需要对人物所遇险情进行文字描述，并学会提炼关键词句。整堂课时间非常紧张，习作基础较好的学生能跟得上，基础较弱的学生显得有些吃力。课堂上，有学生提出能否小组一起设计一个故事，笔者同意了，认为这样能够帮助基础较弱的学生找到写作的自信。

一年级上册"整理房间"

◇课型 | 新授课　◇教材 | 北师大版　◇授课教师 | 胡美玲

目标确立依据

◎ 课标分析

根据《义务教育数学课程标准（2022年版）》中的学段目标，第一学段的学生要能辨别物体和简单物体的形状，会简单的分类。分类是统计与概率的基础，是数学思想的具体呈现，也是一种重要的数学方法。分类的过程就是对事物共同属性的抽象过程，需要把一些原本无序的物品进行分类整理，是渗透分类思想的启蒙阶段。分类将成为后续认识数、发现数的特征、认识图形的特征以及对数据进行初步整理和分析的重要基础，并为学生后续学习统计和概率等数学知识积累经验。

◎ 教材分析

"整理房间"主要通过让学生经历对房间内物品的整理过程，感受分类的含义和方法。分类需要一个标准，本课要求学生能按给定的标准或自己选定的标准进行分类，体会分类标准的多样性、必要性和重要性。

通过分类活动，学生更加懂得如何对一些杂乱的物品进行整理，从而有条理地思考问题，发现其中的一些规律，逐步悟出分类思想。

◎学情分析

　　学生在生活中已经积累了一些分类的经验，比如事物的分类、玩具的分类等，"整理房间"是学生非常熟悉的生活情境，更容易激发学生对已有生活经验的兴趣，也便于操作和交流。

学习目标

　　1. 基础知识

　　在观察、比较、交流的活动中，初步体会分类的含义和方法，感受分类在生活中的价值。

　　2. 基本技能

　　能按一定的标准对一些杂乱的物品进行整理、分类，体会分类的标准和方法。

　　3. 核心素养

　　初步体会对物品进行分类的过程就是寻找事物共同属性的过程，从而有条理地思考问题，发现其中的一些规律，逐步悟出分类思想。

　　4. 情感升华

　　在分类的过程中初步渗透整洁、美的意识，从而养成良好的生活习惯，更加热爱生活、家庭和班级。

教学要求

　　1. 在生动具体的情境中学习数学，激发学生的求知欲，密切抽象数学问题和实际生活的联系。

　　2. 探究过程中注重给学生营造自主、合作、探究的学习环境，给足学生思维的时间、空间，让其自主探究分类标准。

　　3. 练习设计有层次、可操作、趣味性强，注重与生活的联系。

　　4. 把课内知识向课外延伸，注重将数学知识生活化。

教学设计

◎ **教学环节**

一、情境图对比，说出自己的感受 —— 体会分类的必要性

教学活动

联系生活引出新课——"整理房间"。

1. 师生课前讨论：说一说自己的房间里都有什么物品，这些物品平时都是怎么摆放的。

2. 小结：房间里的物品很多，大部分同学能自己收拾得很整齐，也有少部分同学还不会自己整理房间。

3. 引入：接下来我们来参观一下笑笑和淘气的房间吧！

师：对比笑笑、淘气的房间，你有什么感受？你更喜欢谁整理的房间呢？把你的想法和大家说说。

4. 小结：你们是会观察、会思考、懂生活的好孩子！笑笑的房间整理得更美观，也更实用。

> **设计意图**
>
> 熟悉的情境图对比，一下子将学生的目光和思维聚焦到房间的"整理"上，把"整理"与良好的习惯相联系，学生能更加直观地感悟到整理分类的必要性。
>
> **评价要点**
>
> 注重激发兴趣，关注学情和课堂生成，重视学生的学习过程体验。

二、学习笑笑的整理方法 —— 感悟分类的方法

教学活动

观察感悟，把同一类的物品放在一起。

师：既然大家都夸笑笑的房间整理得好，那我们就一起来看看笑笑房间里的物品是怎么摆放的吧！

（先小组交流，再小组汇报）

小结：看来同一类的物品都有相同的

> **设计意图**
>
> 引导学生观察、探究整理房间的好办法，进而感悟出"一类一类放"的数学本质，将学生的生活经验转化为数学认识。
>
> **评价要点**
>
> 在观察探究活动中积极深入思考，体现师生在共同体会和感悟中的融洽情感。

特点，比如玩具类、服装类等，把它们放一起就会显得更加干净、整齐。

三、帮助淘气整理房间 —— 获得分类的经验

教学活动

师：看了笑笑整理的房间，现在你能给淘气提点建议吗？

（分一分，说一说；先独立思考，再同桌交流）

1. 边看边总结：(1)桌子和椅子放在一起，摆放整齐；(2)玩具放第一格，书本放第二格，衣服放第三格；(3)床铺收拾得很整齐，很漂亮。

2. 归纳：像这样把同一类的物品放在一起，就叫分类。整理房间时要按一定的标准进行分类，房间才能变得井井有条。

设计意图

引导学生利用刚学的分类方法来整理淘气的房间，关注学生叙述的分类的理由，即分类标准，在此过程中学生将获得的方法内化为解决问题的经验。

评价要点

营造自主、合作、探究的学习环境；鼓励学生独立思考，自主探究分类标准。

四、课堂练习 —— 按标准进行分类

教学活动

练习提升，应用分类。

完成本课教材中的"练一练"。教师用课件演示进行动物、水果、玩具的分类，学生应用分类的方法整理自己的书包。

注意：重点关注学生能否按一定的标准进行分类，能否清晰叙述分类的理由。

设计意图

引导学生将学到的分类方法和解决问题的经验进行实际应用，进一步渗透分类的思想。

评价要点

创设多层次、可操作的练习，体现趣味性，注重和生活的联系。

五、回顾提升 ——把分类经验转化为解决问题的意识

教学活动

1. 这节课我们学了什么？我们是怎么分类的？（把相同的放一起）

2. 分类有什么好处？你有什么想和大家说的？（整洁、方便）

3. 生活中，你还在什么地方见过这样的分类方法？谁愿意给大家讲一讲？

设计意图

进一步升华分类的思想，并拓展到生活中。

评价要点

把课内知识向课外延伸，注重将数学知识运用于生活。

◎作业设计

1. 请用所学的分类知识整理自己的书包。

2. 请用所学的分类知识整理自己的书桌。

3. 请用所学的分类知识快速整理自己的房间。

◎板书设计

整理房间

同类的物品放在一起，叫分类。

分类时要找出一个标准。

教学反思

创设整理房间的情境，学生经历了按一定标准分类整理物品的过程，能感受分类在生活中的作用。同时为学生营造自主探索、自由表达见解的氛围，提供思维的时间和空间，让学生自主体会理解分类的含义和方法。创设游戏环节，激发了学生的学习兴趣；设计课外整理书包、书桌、房间的拓展实践作业，学生能充分感受分类带来的价值。

三年级上册"里程表(一)"

◇课型 | 新授课　◇教材 | 北师大版　◇授课教师 | 段宝霞

目标确立依据

◎课标分析

《义务教育数学课程标准(2022年版)》提出了"三会"的学生核心素养,并对学生的"四基""四能"以及情感态度与价值观作了具体论述,归纳如下:

1. 核心素养:会用数学的眼光观察现实世界,会用数学的思维思考现实世界,会用数学的语言表达现实世界。

2. "四基":基础知识、基本技能、基本思想、基本活动经验。

3. "四能":能运用数学知识与方法发现、提出、分析、解决问题。

4. 情感态度与价值观:愿意参与数学活动,敢于质疑和反思,体验克服困难、解决问题的成就感,感受数学之美。

◎教材分析

"里程表(一)"内容和生活紧密联系,是数学知识的综合运用。教材呈现了"北京—西安"的路线示意图和里程表,分三个层次来学习:

1. 求相邻两站间的路程。

2. 求相隔两站间的路程。

3. 根据算式找实际问题。

本课重点关注应用意识、几何直观和模型意识的发展,学生先要读懂生活中的里程表，获取相关信息，再画图分析数量关系，最后用加法模型列式求解。

◎学情分析

优势：学生已学过百以内的加减混合运算和三位数加减法，经历过画图分析数量关系的过程，有出行的生活经验。

挑战：由于个体差异，面对较多数据和复杂数量关系时，部分学生理解困难。

学习目标

1.用数学的眼光观察现实世界，发展数感、量感和几何直观；用数学的思维思考现实世界，提升运算能力和推理能力；用数学的语言表达现实世界，强化模型意识和应用意识。

2.通过读里程表，提高获取信息的能力；借助画图，分析数量关系；选择合适的方法求解。

3.体会数学知识和方法在生活中的应用，培养分析、解决问题的能力。

4.活动中敢于质疑，表达有条理；体会数学在生活中的应用，感受数学之美。

评价标准

1.能从里程表中获取有用信息。

2.能画图分析数量关系。

3.能应用加法模型，列式求解。

4.能大胆质疑，表达有条理。

教学设计

◎教学环节

一、检查预习

教学活动

1.对照教材说一说：通过预习你知道了什么？还有什么疑问？

2.圈出疑问，互相解答。

设计意图

1.让学生带着问题学习。

2.理解题意，初步解惑。

评价要点

1.能提出问题。

2.能圈出疑问点。

二、探究新知

教学活动

1.创设情境，故事激趣，挑战新任务：

下面是"西安—连云港"沿线各大站的火车里程表。

路线	里程(千米)
西安—洛阳	387
西安—郑州	511
西安—徐州	860
西安—连云港	1050

西安　　　　洛阳 郑州　　徐州　连云港

你找到了哪些数学信息？能在示意图上画出来吗？

2.解决问题：从洛阳到郑州有多少千米？

（1）提取相关信息：在示意图上分别画出已知条件和问题。

设计意图

1.数形结合，理解数据的实际意义。

2.通过画图分析数量关系，应用加法模型列式求解，突破重难点并感受数学之美。

评价要点

1.能从图中获取有用信息。

2.能画出示意图，分清总数和部分数，正确列式。

（2）分析数量关系：哪段是总数？哪段是部分数？要求什么数？

（3）列式解答：求总数用加法，求部分数用减法。

（4）小结：画图策略的作用。

三、知识迁移

教学活动

从洛阳到徐州有多少千米？（小组合作）

1. 找出相关条件和问题。

2. 画线段图。

3. 列式解答。

4. 讨论汇报。

> **设计意图**
>
> 　知识迁移，学习画线段图。
>
> **评价要点**
>
> 　能画出线段图。

四、拓展提升

教学活动

860−511求的是哪两个城市之间的里程？

1. 观察并找出这两个数对应的路段，画线段图并标出数据。

2. 看图分析是哪两个城市之间的距离。

> **设计意图**
>
> 　寻找算式在生活中的原型。
>
> **评价要点**
>
> 　能说出是哪两个城市。

五、总结解惑

教学活动

对照疑问谈收获。

> **设计意图**
>
> 前后呼应，再次解惑。
>
> **评价要点**
>
> 能说出自己的收获。

◎作业设计

1. 下面是"武汉—南京"沿线各大站的火车里程表。

路线	里程（千米）
武汉—九江	269
武汉—芜湖	637
武汉—南京	733

（1）九江到芜湖有多少千米？画一画，算一算。

（2）733-637求的是哪两个城市之间的里程？画一画，说一说。

2. 用你喜欢的方法计算。

800-672   500-196-204   655-（97+355）

> **设计意图**
>
> 1. 应用画线段图分析数量关系的方法。
>
> 2. 按顺序计算或进行简便计算以便巩固知识。

◎板书设计

里程表（一）

洛阳到郑州有多少千米?

511−387=124（千米）

答：洛阳到郑州有124千米。

860−511求的是哪两个城市之间的里程?

答：求的是郑州到徐州之间的里程。

教学反思

本课例中，教师提前布置小调查和预习作业，让学生带着疑问学习。上课时先检查预习作业，初步解惑，再设置挑战任务，引导学生学习新知。先以故事激发学生兴趣，创设情境；再引导学生通过读里程表获取信息，借助画图分析数量关系，应用加法模型正确列式，顺势突破重难点，并感受数学之美；最后让学生对照疑问谈收获，前后呼应。学生带着问题进课堂，兴趣浓厚；学生受到鼓励和肯定，信心倍增；学生掌握数学思维和方法，轻松愉悦。

五年级上册"认识底和高"

◇课型 | 概念课　◇教材 | 北师大版　◇授课教师 | 龙凤良

目标确立依据

◎ 课标分析

《义务教育数学课程标准（2022年版）》要求课程内容结构化整合，探索发展学生核心素养的路径，并提出要重视结果的形成过程，重视学生直接经验的形成。教材编排是先认识多边形的底和高，然后探究多边形的面积。笔者认为认识底和高，主要是为计算多边形的面积做准备。于是笔者将课程内容作了一些调整，直接从探究平行四边形的面积出发，引导学生在探究面积的过程中，发现高的重要性，顺势认识底和高。

◎ 教材分析

北师大版数学五年级上册第四单元"多边形的面积"，是在三年级下学期学习过面积的概念，并探究过长方形、正方形的面积的基础上第二次学习如何计算面积。面积本质上是用单位面积测量的，就像长度是用尺测量的一样，只是测量工具由尺变成了一个个正方形或方格纸。既然面积的测量工具是一个小正方形，那多边形的内角就要是直角才能准确地测量其面积，长方形和正方形的4个内角都是直角，测量其面积就比较简单，像平行四边形、三角形、梯形这些图形就必须通过剪、拼等办法生成直角，即转化成有直角的长方形，才能测量其面积。这时高的概念生成就成为必然，因为将平行四边形、三角形、梯形这些图形沿高剪开，得到的新图形里就有直角，然后就可以重新组合拼成一个长方形。当然，不同的图形通过剪、拼等转化成长方形的方法又有各自细微的不同，所以"认识底和高"分成三节课进行教学：平行四边形的底、高、面积公式，三角形的底、高、面积公式，梯形的底、高、面积公式。这是其中的第一节课——平行四边形的底、高、面积公式。

◎学情分析

学生在三年级下学期初步学习过面积的概念，探究了如何计算长方形和正方形的面积。在平常的练习和作业中，学生对面积的概念理解不够深刻，容易和周长的概念混淆。

学习目标

1.基础知识

掌握平行四边形的面积公式，理解平行四边形的底和高。

2.基本技能

会画平行四边形的高，会算平行四边形的面积。

3.核心素养

通过探究如何测量平行四边形的面积这一过程，发现高的重要性，体会高的本质特征。

4.情感升华

学生独立自主完成整个任务，获得积极的情感体验，从而感受到学数学的乐趣。

评价方式

1.同桌认可：两人合作，动手操作。

2.同伴赞赏：探究过程中，遇到困难的学生可以向他认为厉害的同学求助。

3.学生肯定：全班交流，学生评判。

4.成果展示：教师在黑板上记录学生有价值的发现，全班分享。

教学设计

◎教学环节

一、情境创设

教学活动

　　导入：这里有一个平行四边形，老师想知道它究竟有多大。你们能用这个边长是1厘米的小正方形量出它的面积吗？

二、问题探究

教学活动

　　1. 同桌两人用学具盒中的若干个边长是1厘米的小正方形尝试测量，用时2分钟。（学生准备剪刀，教师提供平行四边形）

　　2. 遇到困难的小组离开座位学习其他小组的做法，如果找到解决困难的办法就回到座位继续完成任务。

　　3. 如果再次遇到困难可以第二次离开座位向同学寻求帮助，找到方法后继续完成任务。

　　4. 全班同学交流测量平行四边形面积的方法，最后得出平行四边形的面积公式。

设计意图

　　学生能力水平不一，部分学生能顺利完成教师的任务，部分学生看一眼同学的操作就能很快找到方法，极少数学生不知道沿哪条线剪，而这也就是这堂课着重学习的平行四边形的高。学生动手操作去剪，能深刻体会高产生的缘由，从而真正理解什么是高，突破本节课的难点。

评价要点

　　测量面积的工具是若干个边长为1厘米的小正方形，它们的角都是直角，学生要想办法把平行四边形剪开创造直角。

三、体验感悟

教学活动

1. 独立画图：在平行四边形里画出沿哪条线剪开。

2. 全班交流辨析究竟谁的画法正确，最后得出画平行四边形高的一般步骤。

设计意图

从实践到抽象，学生提炼出如何画平行四边形的高。

评价要点

学生沿着设计好的线剪开平行四边形，意识到这条线非常重要，从而进一步详细研究这条线的特点，并且找到快速画出这条线的方法。

四、实践应用

教学活动

一块平行四边形草坪两邻边分别是5米、6米，其中一边的高是3米，计算草坪面积。

设计意图

三个数据，其中一个是干扰数据，学生体会底×高＝面积，高一定要是对应边上的高。学生体验到数学源于生活，又用于生活。

评价要点

面对题中的三个数据，学生能选择正确的数据解决面积问题。

◎作业设计

如果是一个三角形，如何用这些小正方形测量它的面积？（三角形由教师提供）

◎板书设计

平行四边形的底、高、面积

黑板的左边是平行四边形实物贴纸以及平行四边形的面积公式；

黑板的右边是平行四边形的示意图，图中标出底和高。

教学反思

在实践操作环节，教师指令要清晰，语言要简洁，目标要明确，不然耗时多、效率低，留给后面体验感悟和实践应用的时间少，也就达不到预期效果。由任务目标测量平行四边形的面积引出高的学习，学生的学习动力足，兴趣浓，理解深刻。学生在任务驱动中完成了底和高的认识，和以往常规教学效果比较，学生对底和高的概念理解更深刻、更到位。

七年级上册"一元一次方程"

◇课型 | 新授课　◇教材 | 北师大版　◇授课教师 | 李鹏

目标确立依据

◎ 课标分析

"方程与不等式"是初中阶段"数与代数"领域的三大主题之一,《义务教育数学课程标准（2022年版）》在第四学段的内容要求中对此作了阐述,可细化为以下几点:

1. 发现具体问题中的数量关系,经历构建方程模型、解方程和运用方程解决实际问题的全过程,体会方程是描述现实世界的一个有效的数学模型。

2. 了解方程及其相关概念,会解一元一次方程。

3. 能够以一元一次方程为工具解决一些简单的实际问题,包括列方程、解方程和解释结果的实际意义与合理性,提高分析问题、解决问题的能力。

◎ 教材分析

方程有悠久的历史,它随着实践的需要而产生,并且应用广泛。从数学学科本身来看,方程是数与代数的核心内容,正是对它的研究推动了整个代数学的发展。从代数中关于方程的分类来看,一元一次方程是最简单的代数方程,也是所有代数方程的基础。

本章属于"数与代数"领域,主要内容包括:一元一次方程及其相关概念,一元一次方程的解法,利用一元一次方程分析和解决实际问题。其中,以方程为工具分析问题、解决问题,即建立方程模型是全章的重点,同时也是难点。分析实际问题中的数量关系并用一元一次方程表示其中的相等关系，是贯穿全章的主线，而对一元一次方程的有关概念和解法的讨论，是在建立和运用方程这种数学模型的大背景下进行的。列方程中蕴含的数学建模思想是本章始终渗透的主要数学思想。

◎学情分析

学生在小学阶段已经学习、了解了简单的一元一次方程，如$2x+4=0$的方程的解法。学生主要根据等式的基本性质来解这类方程。这些基础知识都为学生学习本章一元一次方程的解法打下了基础。本单元将要学习解各种一元一次方程的方法、步骤，包括去分母、去括号、移项、合并同类项、系数化1。

学习目标

1. 基础知识

理解一元一次方程的概念，会列一元一次方程。

2. 基本技能

掌握一元一次方程及其解的概念，会判断一个数是不是某个一元一次方程的解。

3. 核心素养

通过加深对概念的理解，提高对"元"和"次"的认识；能够逐步培养类比分析和归纳概括的能力，了解变与不变的辩证统一的思想。

4. 情感升华

体验数学与日常生活密切相关，认识到许多实际问题可以用数学方法解决。

评价标准

1. 建立了一元一次方程的概念，会根据具体问题中的数量关系列出一元一次方程。

2. 能根据具体问题中的等量关系，列出一元一次方程。

3. 能够逐步培养类比分析和归纳概括的能力，了解变与不变的辩证统一的思想。

4.能提炼生活中的实际问题，并根据题意列出正确的一元一次方程，感受列方程的好处。

教学设计

◎教学环节

一、情境引入

教学活动

丢番图是古希腊数学家。人们对他的生平事迹知道得很少，但流传的一篇墓志铭叙述了他的生平：

坟中安葬着丢番图，多么令人惊讶，它忠实地记录了其所经历的人生旅程。上帝赐予他的童年占六分之一，又过十二分之一，他两颊长出了胡须，再过七分之一，点燃了新婚的蜡烛。五年之后喜得贵子，可怜迟到的宁馨儿，享年仅及其父之半便入黄泉。悲伤只有用数学研究去弥补，又过四年，他也走完了人生的旅途。

——《希腊诗文选》

你能用方程求出丢番图去世时的年龄吗？大家讨论一下。

利用小学所学的知识可以设他的年龄为 x 岁，列出方程：

$$\frac{1}{6}x + \frac{1}{12}x + \frac{1}{7}x + 5 + \frac{1}{2}x + 4 = x$$

二、探索新知

教学活动

【探究1】根据实际情境列方程

请先独立思考以下问题，再小组交流讨论，最后总结出答案。

情境1：

小华：我能猜出你的年龄。

小华：你的年龄乘2减5，得数是多少？

小彬：21。

小华：你今年13岁。

小彬：他怎么知道的？

如果设小彬的年龄为 x 岁，那么"乘2再减5"就是_____，因此可以得到方程：_____。

情境2：小颖种了一棵树苗，开始时树苗高为40厘米，栽种后每周树苗长高约5厘米，大约几周后树苗长高到1米？（只列方程不求解）

解：设 x 周后树苗长高到1米。由此可以得到方程：$40+5x=100$。

情境3：某长方形操场的面积是 $5850\ \mathrm{m}^2$，长和宽之差为 $25\ \mathrm{m}$，这个操场的长与宽分别是多少米？（只列方程不求解）

解：设这个操场的宽为 $x\ \mathrm{m}$，那么长为 $(x+25)\ \mathrm{m}$，由此可以得到方程：

$$x（x+25）=5850$$

【探究2】一元一次方程的概念

1. 上面得到的方程中有没有你熟悉的方程？是哪几个？

2. 方程 $2x-5=21$，$40+5x=100$ 有什么共同特点？

3. 满足什么条件的方程是一元一次方程？

4. 想一想：方程 $\dfrac{1}{x}-x=1$ 是一元一次方程吗？

一元一次方程：在一个方程中，只含有一个未知数，而且方程中的代数式都是整式，未知数的次数都是1，这样的方程叫作一元一次方程。

因此，判断一个方程是不是一元一次方程，必须满足三个条件：一是只含有一个未知数；二是未知数的次数是1；三是方程中的代数式都是整式。

【探究3】方程的解

在"猜年龄"游戏中，当被告知计算的结果是21时，我们所列的方程为$2x-5=21$，从而求出年龄是13。由于13能使方程的两边相等，我们就把13叫作方程$2x-5=21$的解。

方程的解：使方程左、右两边的值相等的未知数的值，叫作方程的解。

三、尝试应用

教学活动

【应用举例】

1. 判断下列各式是不是一元一次方程。

① $2x^2-5=4$　　② $-m+8=1$　　③ $x=1$

④ $x+y=1$　　　⑤ $x+3>0$　　　⑥ $2x^2-2(x^2-x)=1$

⑦ $\frac{2}{x}-7=4$　　⑧ $\pi x=12$

2. 若关于x的方程$2x^{m-3}+4=7$是一元一次方程，求m的值。

3. 若关于x的方程$2x+a-9=0$的解是$x=2$，则a的值为（　　）。

　　A.2　　　B.3　　　C.4　　　D.5

【变式举例】

1. 下列选项中是一元一次方程的是（　　）。

A.$9x+2$　　　　　B.$3a+6=4a$

C.$3x+5=3x-2$　　D.$2x+y=8$

2. 若$8x^{a-1}+5=0$是关于x的一元一次方程，则a的值为_____。

设计意图

1. 通过举例，学生进一步体会概念，利用概念解决问题。

2. 举一反三，灵活掌握，熟练解题。

3. 领会题意，掌握方法，提高学生的解题能力。

评价要点

1. 能根据定义判断给出的等式是否为一元一次方程。

2. 能根据一元一次方程的定义，确定满足条件的字母的值。

3. 能判断给出的解是否为已知方程的解。

3. 下列方程中，解为 $x=-2$ 的是（　　　）。

A.$3x-2=2x$　　　　　　　　　　B.$4x-1=2x+3$

C.$3x+1=2x-1$　　　　　　　　　D.$5x-3=6x-2$

4. 若 $x=4$ 是关于 x 的方程 $ax=8$ 的解，则 a 的值为_____。

5. 若关于 x 的方程 $x-2019=0$ 的解也是方程 $x-2k=2019$ 的解，则 $k=$_____。

四、总结提升

教学活动

【当堂检测】

1. 下列各式中，是一元一次方程的有_____。（填序号）

① $\dfrac{x}{3}+8=3$　　② $18-x$　　③ $1=2x+2$

④ $5x^2=20$　　⑤ $x+y=8$

2. 如果 $3x^{n-1}=2$ 是关于 x 的一元一次方程，那么 $n=$_____。

3. $x=2$_____方程 $4x-1=3$ 的解。（填"是"或"不是"）

> **设计意图**
>
> 　　检测本课所学内容，对学生多进行激励性评价。
>
> **评价要点**
>
> 　　学生对本节课的掌握情况。

4. 某班在一次美化校园的劳动中，先安排35人打扫卫生，15人拔草，后又增派10人去支援，结果打扫卫生的人数是拔草人数的2倍，若设支援打扫卫生的学生有 x 人，则下列方程正确的是（　　　）。

A.$35+x=2\times10$　　　　　　　B.$35+x=2\times(15+10-x)$

C.$35+x=2\times(15-x)$　　　　　D.$35+x=2\times15$

5. 当 $n=$_____时，代数式 $1-n$ 的值是5。

6. 若方程 $(a+6)x^2+3x-8=7$ 是关于 x 的一元一次方程，则 $a=$_____。

◎作业设计

一、反馈训练

1.必做题：完成教材第133页的随堂练习和第134页的问题解决。

2.选做题：根据下列条件，用方程式表示问题的结果。

（1）若关于 x 的方程 $(k-2)x^{k-1}+4=0$ 是一元一次方程，求 k 的值。

（2）若关于 x 的方程 $(3-m)x^2+mx-6=0$ 是一元一次方程，则 m 的值为_____，此时原方程变为_____。

（3）若关于 x 的方程 $4x-3m=2$ 的解是 $x=m$，则 m 的值是_____。

（4）已知关于 x 的方程 $2x+3a-2=6$ 的解为 $x=1$，求 a 的值。

二、课后提升

1.若 $x=0$ 是关于 x 的方程 $2x-3n=1$ 的解，则 $n=$_____。

2.甲、乙两队开展足球对抗赛，规定每队胜一场得3分，平一场得1分，负一场得0分。若甲队胜场是平场的2倍，平场比负场多一场，共得了21分，则甲队胜了_____场，平了_____场，负了_____场。

3.植树节当天，甲班植树的株数比乙班多20%，乙班植树的株数比甲班的一半多10株，若乙班植树 x 株。

（1）列两个不同的含 x 的代数式表示甲班植树的株数。

（2）根据题意列出以 x 为未知数的方程。

（3）检验乙班、甲班植树的株数是不是分别为25株和30株。

◎**板书设计**

一元一次方程	
第1课时　认识一元一次方程	
1. 一元一次方程 2. 方程的解 3. 列一元一次方程	学生练习区

教学反思

　　本节课教师通过创设丰富的问题情境，使学生经历模型化的过程，引出一元一次方程的概念，整个探究过程自然顺畅，学生易于理解，效果较好。

　　在整个教学实施过程中，教师自始至终坚持以问题为主线，引导学生思考问题，进而解决问题，同时问题的设计遵循学生的思维特点，着重引导学生探索、归纳，注重过程教学，这样既有利于培养学生的分析归纳能力，又真正体现了以学生为主体的教学理念。

　　由几个具体的实例列方程，学生通过合作学习、观察、归纳，概括出一元一次方程的定义，教学过程十分自然，螺旋上升。接着，教师紧扣教材，让学生巩固新知、提升技能，增强了数学教学的现实性，让学生能深刻体会数学的应用价值。

八年级上册"函数"

◇课型 | 新授课   ◇教材 | 北师大版   ◇授课教师 | 张隽

目标确立依据

◎课标分析

《义务教育数学课程标准（2022年版）》对"函数"内容的学习提出了要求，提炼如下：

1. 体验从具体情境中抽象出数学符号的过程，理解函数；探索具体问题中的数量关系和变化规律，掌握用函数进行表述的方法。

2. 通过用函数表述数量关系的过程，体会模型思想，建立符号意识；能独立思考，体会数学的基本思想和思维方式。

3. 初步学会在具体的情境中从数学的角度发现问题和提出问题，并综合运用数学知识和方法等解决简单的实际问题，增强应用意识，提高实践能力。

4. 在运用数学表述和解决问题的过程中，认识数学具有抽象、严谨、应用广泛的特点，体会数学的价值。

5. 探索简单实例中的数量关系和变化规律，了解常量、变量的意义。

6. 结合实例，了解函数的概念和三种表示法，能举出函数的实例。

7. 能结合图像对简单问题中的函数关系进行分析。

8. 能确定简单实际问题中函数自变量的取值范围，并会求出函数值。

9. 能用适当的函数表示法刻画简单实际问题中变量之间的关系。

◎教材分析

在七年级下册"变量之间的关系"一章的基础上，本节继续通过对变量关系的考查，使学生明确"给定其中某一个变量的值，相应地就确定了另一个变量的值"这一共性，从而归纳出函数的概念。因此，本节最重要的任务是完成新概念（函数）的建构，必须抓住概念的本质属性。函数的本质是变量之间的一种依存关系，而不是其代数表达式，这应是贯穿本节课的一条主线。

函数本质属性的揭示，应基于对大量函数原型的分析，在这一过程中，应舍弃其非本质属性，保留其本质属性。教材设计了游乐园中的摩天轮、圆柱形物体的堆放方式和热力学温度与摄氏温度之间的关系等几个现实生活中的函数原型，使得学生更为深刻地感受到函数应用的广泛性，以及函数学习的必要性。教材注意了素材呈现方式的多样性，分别以图像、表格、表达式三种形式呈现了几个与生活相关的情境，并最终总结出函数的三种表示方法，从而使学生对函数有一个更为准确、全面的认识。

◎学情分析

学生在七年级上册"整式及其加减"一章中，已体会到用字母表示数的重要性，并学习了代数式及其简单运算，包括如何结合具体情境列出相应的代数式，实际已经接触到了初步的函数思想。在七年级下册"变量之间的关系"这一章中，通过大量贴近生活的丰富实例，学生对变量之间相依关系的普遍性已有所感知，并通过表格、关系式、图像等几种方式呈现变量之间的关系，从多方面感知变量之间的关系，揭示其本质。同时这也暗示了函数的三种表示方式。

但对于八年级学生来说，函数概念仍然是相当抽象的，学生认识起来有一定的困难。因此，教师可以从具有函数关系、生动有趣、简单而又能说明问题的生活实例开始，进行分析说明，以激发学生的好奇心与求知欲。教材中提供的是游乐园中的摩天轮这一生活实例，从图像和表格两个方面，让学生体会、思考其中蕴含的变量之间的关系。在此基础上，还可以引导学生观察日常生活中的其他运动变化过程，以体会变量之间的相依关系。

学习目标

1. 基础知识

初步掌握函数的概念，能判断两个变量之间的关系是否可以看成函数；根据两个变量之间的关系式，给定其中一个量，会求出另一个量的值；了解函数的三种表示方法。

2. 基本技能

经历从具体实例中抽象出函数概念的过程，进一步感悟抽象的数学思想；积累抽象概括的活动经验。

3. 核心素养

经历函数概念的抽象概括过程，体会函数的模型思想，发展抽象思维能力；初步形成利用函数的观点认识现实世界的意识；通过主动地参与观察、操作、交流、归纳等探索活动，促进对数学知识的理解，形成有效的学习模式。

4. 情感升华

在函数概念形成的过程中，培养联系实际、善于观察、乐于探索和勤于思考的精神。

评价方式

1. 关注学生对基础知识的掌握情况。
2. 关注学生在实例中抽象出函数本质的能力水平。
3. 关注学生在教学活动中的参与程度和表现出来的思维水平。
4. 关注学生在总结活动中得到的学习感悟。

教学设计

◎教学环节

一、创设情境，导入新课

教学活动

【情境1】教师展示摩天轮图片，学生观察。

问题1：你去过游乐园吗？你坐过摩天轮吗？

问题2：坐在摩天轮上，你有什么感受？

问题3：随着时间的变化，你离开地面的高度是如何变化的？这个变化有规律吗？

问题4：在这个变化过程中，有几个变量？自变量是什么？因变量是什么？根据图1填表。

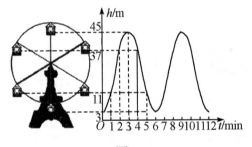

图1

t/min	0	1	2	3	4	5	6	⋯
h/m								⋯

问题5：对于自变量的每一个值，因变量有几个值与之对应？

【情境2】瓶子或罐头盒等圆柱形的物体，常常如图2那样堆放，随着层数的增加，物体的总数是如何变化的？

图2

问题1：根据图形，填写表格：

层数 *n*	1	2	3	4	5	…
物体总数 *y*						…

问题2：在这个问题中有几个变量？分别是什么？

问题3：对于给定的每一个层数 *n*，物体的总数 *y* 唯一确定吗？

【情境3】一定质量的气体在体积不变时，假若温度降低到 –273 ℃，则气体的压强为零。因此，物理学把 –273 ℃作为热力学温度的零度。热力学温度 T（K）与摄氏温度 t（℃）之间有如下数量关系：$T=t+273$，$T \geq 0$。

问题1：在这个情境中有哪些量？

问题2：在上述量中，哪些是变量？哪些是常量？

问题3：当 t 分别等于 –43，–27，0，18时，相应的热力学温度 T 是多少？

问题4：给定一个大于 –273 ℃的 t 值，你能求出相应的 T 值吗？

二、实践探究，交流新知

教学活动

提出问题：

1. 在上面的三个探究过程中，分别运用了哪些方法表达变量之间的关系？

2. 在变化过程中有几个变量？自变量能取哪些值？在自变量的取值范围内，给定一个自变量的值，因变量的值是否唯一确定？

形成概念：一般地，如果在一个变化过程中有两个变量 *x* 和 *y*，并且对于变量 *x* 的每一个值，变量 *y* 都有唯一的值与它对

设计意图

1. 通过分析探究活动中所举例子的共同特点，学生用自己的语言概括函数的概念，加深对函数概念本质特征的理解。

2. 学生回顾变量之间关系的表示方法，并结合探究活动判断表示方法，加深对三种表示方法的理解，既能促进新旧认知结构的顺利转化，又能培养良好的回顾与反思的意识。

3. 学生理解自变量的取值是有范围的，能根据自变量的值求出函数值，体会其与代数式的值的区别与联系。

应，那么我们称 y 是 x 的函数，其中 x 是自变量。

理解函数概念应把握三点：（1）有两个变量；（2）一个变量的值随着另一个变量的值的变化而变化；（3）自变量每确定一个值，另一个变量就有唯一确定的值与之对应。

师：我们七年级学习了变量之间的关系，你还记得有哪些方式可以表示变量之间的关系吗？

"情境1"中是用_____表示，"情境2"中是用_____表示，"情境3"中是用_____表示。

表示函数的方法一般有：（1）图像法；（2）列表法；（3）关系式法。

函数值：对于自变量在可取值范围内的一个确定的值 a，函数有唯一确定的对应值，这个对应值称为当自变量等于 a 时的函数值。

三、开放训练，体现应用

教学活动

【应用举例】

图3是某物体的抛射曲线图，其中 s 表示物体与抛射点之间的水平距离，h 表示物体的高度。

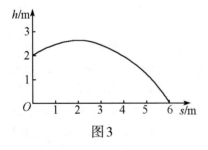

图3

（1）这个曲线图反映了哪两个变量之间的关系？

（2）根据曲线图填表：

s/m	0	1	2	3	4	5	6
h/m							

（3）当距离 s 取 $0 \sim 6$ m 之间的一个确定的值时，相应的高度 h 确定吗？

（4）高度 h 可以看成距离 s 的函数吗？

【变式训练】

如图 4，梯形的下底是 10 cm，高是 6 cm，设梯形的上底长度为 x cm，面积为 y cm^2，面积 y 随上底长度 x 的变化而变化。

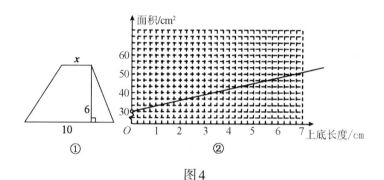

图4

（1）在这个变化过程中，_____是自变量。

（2）y 与 x 的函数关系式为_____。

（3）小亮用图像②来表示面积 y 与上底长度 x 的变化规律，请观察图像②回答：梯形的面积 y 随上底长度 x 的增大而_____；若要使面积 y 大于 39 cm^2，则上底长度 x 的取值范围是_____。

【拓展提升】

1. 在下表中 x 表示乘公共汽车的站数，y 表示应付的票价：

x/站	1	2	3	4	5	6	7	8	9	10
y/元	1	1	1	2	2	3	3	3	4	4

根据此表，下列说法正确的是（　　　）。

A. y 是 x 的函数　　　　　　B. y 不是 x 的函数

C. x 是 y 的函数　　　　　　D. 以上说法都不对

2. 轮子每分钟旋转 60 转，则轮子的转数 n（转）与时间 t（分）之间的关系式是_____，其中，_____是自变量，_____是_____的函数。

3.图5是弹簧挂上重物后，弹簧的长度y与所挂物体的质量x之间的变化关系图（在弹簧弹性范围内）。根据图，回答问题：

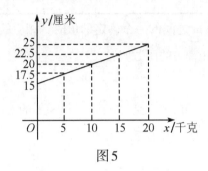

图5

（1）不挂重物时，弹簧长多少厘米？

（2）当所挂物体的质量分别为5千克、10千克、15千克、20千克时，弹簧的长度分别是多少厘米？

（3）弹簧长度y可以看成是物体质量x的函数吗？若能，请你用关系式表示出来。

四、随堂演练，课堂总结

教学活动

【当堂训练】

1.长方体的底面积为4 cm^2，高x可变化，则其体积$V=4x$。关系式中有＿＿＿＿个变量，当$x=2$ cm时，$V=$＿＿＿cm^3。我们可以把＿＿＿＿看成是＿＿＿＿＿的函数。

2.一蓄满水的水池正在放水，剩余水量y与时间t的关系式为$y=600-50t$，其中自变量是＿＿＿＿，＿＿＿＿是＿＿＿＿的函数。给定了t值，请你完成下表：

设计意图

考查本节课的基础知识和基本技能，检查不同层次学生掌握知识的情况，为以后改进教学提供依据。

评价要点

关注学生在总结活动中得到的学习感悟。

时间 t	0	1	2	3	4	⋯
剩余水量 y						⋯

3. 等腰三角形 ABC 的周长为 10 cm，底边 BC 长为 y cm，腰 AB 长为 x cm，写出 y 与 x 之间的关系式。

【课堂总结】

学生活动：

1. 你有什么收获：_____。（对自己说）

2. 你有什么温馨提示：_____。（对同学说）

3. 你还有什么困惑：_____。（对老师说）

教学说明：学生畅所欲言，谈谈自己的切身感受与实际收获，培养及时总结回顾的习惯，锻炼语言表达能力，增强自信心，充分展示自我。

◎作业设计

----

1. 完成教材第76页的随堂练习。

2. A本第20页至第21页，其中11题、14题为选做题。

◎板书设计

函数

1. 函数概念：一般地，如果在一个变化过程中有两个变量 x 和 y，并且对于变量 x 的每一个值，变量 y 都有唯一的值与它对应，那么我们称 y 是 x 的函数，其中 x 是自变量。

简写："每一"对"唯一"。

2. 函数表示方法：

（1）图像法。

（2）列表法。

（3）关系式法。

3. 函数值，自变量的取值范围。

教学反思

【授课流程反思】

承接上一学期变量关系的学习，学生感受到变量之间的关系是通过多种形式表现出来的，感受研究函数的必要性。通过生活实例，激发学生的研究热情，取得很好的导入效果。

【讲授效果反思】

通过大量的函数关系的展示，学生经历函数概念的抽象概括过程，初步掌握函数概念。通过理解函数概念，初步形成利用函数的观点认识现实世界的意识和能力。学生主动地参与观察、操作、交流、归纳等探索活动，体会函数的模型思想，促进对数学知识的理解，形成有效的学习模式。

八年级下册"中心对称"

◇课型 | 新授课　◇教材 | 北师大版　◇授课教师 | 彭艺

目标确立依据

◎课标分析

《义务教育数学课程标准（2022年版）》中对"中心对称"相关内容提出了要求，包括：

1. 通过具体实例理解轴对称的概念，探索它的基本性质：成轴对称的两个图形中对应点的连线被对称轴垂直平分。

2. 理解轴对称图形的概念，探索等腰三角形、矩形、菱形、正多边形、圆的对称性。

以上基本目标培养了学生"三会"的数学核心素养：会用数学的眼光观察现实世界，会用数学的思维思考现实世界，会用数学的语言表达现实世界。

◎教材分析

本节课是北师大版数学八年级下册第三章第三节的教学内容。七年级已经学习了轴对称的内容，前一节学习了旋转的定义、性质及作图，学生积累了相关的数学知识和活动经验。本节课从知识、能力培养方面到积累数学活动经验、培养数学兴趣、探索数学思想与数学方法等方面都有承上启下的重要作用。

◎学情分析

1. 知识分析：学生已经掌握了轴对称及轴对称图形的性质，以及旋转的定义、性质、作图。

2. 能力分析：学生通过对前两节内容的学习，已具备一定的操作、归纳、推理和作图能力。

3. 情感分析：多数学生对图形变换学习有一定的兴趣，能够积极参与动手操作与研究，但在旋转的作图能力及空间想象能力上发展不够均衡，教师可以通过加强师生互动，引导学生探索新知。

学习目标

1. 基础知识

经历观察、操作、探索、分析、归纳等数学活动，通过具体实例了解中心对称的定义和中心对称图形的定义和性质。

2. 基本技能

归纳中心对称的性质，通过画图操作，画出与某一图形成中心对称的图形，确定对称中心的位置，进一步加深对中心对称的性质的理解，同时掌握利用中心对称的基本性质作图的技能。

3. 核心素养

能运用旋转的基本知识，探索中心对称的定义和中心对称图形的定义、性质。通过欣赏和设计图形，增强动手实践能力，发展空间观念。

4. 情感升华

经历观察、操作、探索、分析、归纳等数学活动，培养认真严谨的学习态度，提升积极参与、勇于实践、乐于交流、善于合作的品质，发展空间观念、几何直观、推理能力。

采用探究式教学，通过"观察—操作—分析—归纳—应用—设计"一系列流程，给学生提供自主探索、互相交流的时间和空间，融合使用"生生互动""师生互动"的多元教学模式。具体包括：(1)创设情境，引入新知；(2)观察实践，探究新知；(3)解决问题，应用新知；(4)合作交流，再探新知；(5)课堂小结，内化新知；(6)随堂练习，巩固新知；(7)课后作业，完善新知。在教师的引导下，借助多媒体演示，课堂上充分发挥学生的主体作用，让学生在观察中探究、在探究中归纳、在操作中理解、在理解中应用、在交流中获取，培养学生的空间观念，提升学生的动手实践能力、语言表达能力和创新能力。

教学设计

◎教学环节

一、创设情境，引入新知

教学活动

导入："燕山雪花大如席"，2022年，北京冬奥会中"一朵雪花的故事"贯穿开幕式与闭幕式。雪花导视牌(图1)和雪花火炬台(图2)的图案设计浪漫、唯美。

图1   图2

设计意图

通过冬奥会图片的引入，吸引学生的注意力，激发学生的好奇心和求知欲。

评价要点

1. 学生能从日常生活中提出数学问题，探索分析和解决问题的方法。

2. 学生观察雪花导视牌和雪花火炬台的图案，思考、猜想设计者在设计这两张图时运用的数学知识。

教师选取了这两幅图引出新课，雪花导视牌是轴对称图形，雪花火炬台不是轴对称图形。它们的设计应用了何种数学知识，是本节课探究的内容。

二、观察实践，探究新知

教学活动

1. 探索中心对称的定义：引导学生观察教材上的图3-18，图3-19，思考图2经过怎样的运动变化可以与图1重合，两组图形的运动过程有什么样的共同点。教师强调"两个图形关于一个点对称"可以简称为"两个图形成中心对称"。

2. 探索中心对称的性质：由 △ABC 与 △DEF 成中心对称，引导学生从图3中找到等量关系并回答。教师由此总结中心对称的性质：（1）成中心对称的两个图形是全等图形；（2）成中心对称的两个图形中，对应点所连线段经过对称中心，且被对称中心平分。(对应点、对称中心三点共线)

设计意图

1. 从具体情境中发现运动的共同特征，形成概念。

2. 结合旋转的三要素，理解中心对称的性质。

评价要点

1. 仔细观察，回答问题，齐读定义。学生回答共同点，教师引导学生总结定义。

2. 学生通过观察找出成中心对称的两个图形具有的等量关系并分析依据。

图3

三、解决问题，应用新知

教学活动

教师出示例题，提出问题。引导学生说出关键点，并及时总结新知。

设计意图

经历画图、交流、归纳、反思等环节，巩固所学知识。

【应用1】找出对称中心。

在平面直角坐标系中，点 $P(1，1)$，点 $N(2，0)$，$\triangle MNP$ 与 $\triangle M_1N_1P_1$ 关于某一点中心对称，则对称中心的坐标为 ____。

【教师总结】

方法1：找一对对称点的中点，依据是对应点被对称中心平分。方法2：找两组对称点连线的交点，依据是对应点连线都经过对称中心。

【应用2】作中心对称图形。

如图4，点 O 是线段 AE 的中点，以点 O 为对称中心，画出与五边形 $ABCDE$ 成中心对称的图形。

解：如图5，连接 BO 并延长至 B'，使得 $OB'=OB$；

连接 CO 并延长至 C'，使得 $OC'=OC$；连接 DO 并延长至 D'，使得 $OD'=OD$；

顺次连接 E，B'，C'，D'，A。图形 $EB'C'D'A$ 就是以点 O 为对称中心、与五边形 $ABCDE$ 成中心对称的图形。

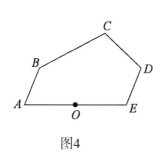

图4

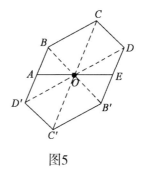

图5

四、合作交流，再探新知

教学活动

选取常见的线段和平行四边形进行特殊的旋转。教师引导学生深入思考，从特殊到一般，归纳定义：把一个图形绕某个点旋转180°，如果旋转后的图形能与原来的图形重合，那么这个图形叫作中心对称图形，这个点叫作它的对称中心。教师引导学生发现常见中心对称图形及典型错误，并指出操作验证方法，引导学生辨别易错图形和等边三角形、平行四边形的对称性。

> **评价要点**
>
> 学生更关注概念和性质的理解：
>
> 1. 学生在观察的基础上，自然得出中心对称图形的概念。
>
> 2. 学生抢答常见中心对称图形，质疑等边三角形是不是中心对称图形。
>
> 3. 学生归纳总结中心对称与中心对称图形的区别与联系。

五、课堂小结，内化新知

教学活动

前后衔接，课前雪花火炬台的图案应用了何种数学知识，到此学生皆能理解并回答：雪花火炬台的图案是中心对称图形，应用了中心对称的知识点。本节课主要讲解了中心对称和中心对称图形的定义、性质和应用。

> **设计意图**
>
> 用思维导图的形式梳理本节课中的主要知识点，优化认知结构，完善知识体系。
>
> **评价要点**
>
> 1. 学生对于课前疑问，有了肯定的答案，雪花火炬台的图案设计应用了中心对称的知识，它是中心对称图形。
>
> 2. 学生总结梳理所学知识、方法，提出存在的疑问。

六、随堂练习，巩固新知

教学活动

教师出示题目，适时总结归纳。

1. 在26个英文大写正体字母中，哪些字母是中心对称图形？

A B C D E F G H I J K L M
N O P Q R S T U V W X Y Z

> **设计意图**
>
> 1. 有针对性的习题，由浅入深、由易到难，学生加深对中心对称图形概念的理解，感受到对称之美、数学之美，激发学习数学的兴趣。
>
> 2. 一题多解，借助不同的作图方法，培养学生发散思维的能力。

2.一副扑克牌中，哪些牌的牌面是中心对称图形？

3.拓展提升：用无刻度的直尺画一条直线把下面的图形分成面积相等的两部分，你怎样画？

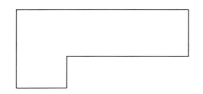

◎作业设计

1.(必做)B 本第24~25页。

2.(选做) 利用图形变化规律设计完成一幅作品。

◎板书设计

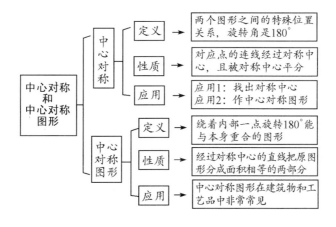

教学反思

通过这一节课的学习，学生既认识了图形旋转在几何知识中的重要性，又完善了初中阶段对"对称图形"（轴对称图形、中心对称图形）的知识学习。因此，本节课从知识学习、能力培养方面到积累数学活动经验、培养数学兴趣、探索数学思想与数学方法等方面都有承上启下的重要作用。就本节课的具体设计和呈现效果，笔者进行如下反思：

1. 课堂教学的总体思考

（1）目标定位：教学设计层次分明，每个环节的设计都很有针对性。课堂分为以下七个环节：创设情境，引入新知；观察实践，探究新知；解决问题，应用新知；合作交流，再探新知；课堂小结，内化新知；随堂练习，巩固新知；课后作业，完善新知。

（2）新课引入：利用冬奥会雪花导视牌和雪花火炬台的图片引入教学，在已有的轴对称知识的基础上，引导学生类比发现图形的区别，设置悬念，吸引学生的注意力，激发学生探究中心对称图形的兴趣。

（3）自主探究：把图形的旋转以动画形式呈现，非常直观，便于引导学生总结中心对称的定义和性质。学生经过"观察—思考—探究—概括—应用"的学习过程，历经"猜想—实践—合作—交流—归纳"的思维过程，较好地掌握了新知识。

（4）课堂练习：通过观察常见图案、解答有针对性的题目、一题多解、动手操作等，学生能快速应用新知识，加深对中心对称和中心对称图形定义与性质的理解。

（5）分层作业：作业的设计有针对性、层次性和开放性，提高了学生分析问题、解决问题的能力以及动手创新能力。

2. 课堂教学的创新方面

（1）新课引入新颖直观：通过冬奥会雪花导视牌和雪花火炬台的图案引出课题，吸引学生的注意力，激发他们的好奇心和求知欲。

（2）实践操作答疑解惑：通过动画，把等边三角形旋转180°以后的图形呈现出来，学生很快发现，旋转后的图形不与原来的图形重合，所以它不是中心对称图形，突破了易错点。

（3）一题多解发散思维：学生熟练利用教学平台的互动批注功能作图，用不同的方法求解，加深对中心对称图形性质的理解，突破了难点。

3.课堂教学的不足之处

（1）由于线上教学的局限性，课堂缺乏小组合作和讨论交流，需要加强小组互助的力量。

（2）由于技术的局限性，在电脑上直接进行手动作图，缺乏规范性。

（3）可以增加一些学生动手操作的设计活动并展示，从而强化学生对中心对称美的感受。

总之，数学教学不仅要考虑数学自身的特点，更应该遵循学生的身心发展规律。这节课充分利用了智慧教学平台，从生活实际出发，学生亲身经历将实际问题抽象成数学模型并应用的过程，其思维能力以及情感态度与价值观等多方面均得到了进步。

九年级上册"相似多边形"

◇课型 | 新授课　　◇教材 | 北师大版　　◇授课教师 | 杨玥

目标确立依据

◎课标分析

根据《义务教育数学课程标准（2022年版）》，本课内容属于"图形的相似"这一数学学习领域，因而务必服务于相似图形教学的长期目标：让学生经历图形收集、观察、思考、归纳并作出推断的全过程，发展学生的类比意识。同时，也应力图在学习中逐步达成学生的有关情感态度目标。

◎教材分析

教材基于学生的生活经验，提出了本课的具体学习任务：通过收集、观察、思考、归纳及师生互动得出"相似多边形"的具体内涵，初步掌握相似多边形的基本性质。但这仅仅是这堂课外显的具体教学目标，或者说是一个近期目标。教学由一系列相互联系而又渐次递进的课堂组成，因而具体的课堂教学也应满足整个教学的长期目标，或者说，教学的长期目标，应该与具体的课堂教学任务产生实质性联系。

◎学情分析

学生的知识技能基础：学生已学习了全等图形，对全等图形的概念及性质有所了解，同时在本章前几课中，又学习了比例线段等相关知识，初步对相似图形有了较为清晰的认识，具备了学习相似多边形的基本技能和方法。

学生活动经验基础：在相关知识的学习过程中，学生已经认识了一些形状相似的图形，解决了一些简单的现实问题，感受到相似图形在生活中的必要性和作用，获得了一些数学活动经验；同时在以前的学习中学生已经经历了很多合作学习的过程，具备了一定的合作学习的经验和合作交流的能力。

学习目标

1. 基础知识

经历相似多边形概念的形成过程，了解相似多边形的含义。

2. 基本技能

在探索相似多边形本质特征的过程中，进一步发展学生观察、操作、归纳、类比等多方面的能力，提高学生的数学思维水平。

3. 核心素养

提高学生的几何直观能力。

4. 情感升华

学生体会团队合作精神，充分认识数学与人类生活的密切联系，体验数学活动充满探索与创造性的特点。

评价标准

1. 根据学生的个体差异，注意因材施教、分层教学，在教学中结合课本"想一想""议一议""做一做"等教学环节激发学生的潜能，为每一名学生创设施展才能的空间，让学生学得轻松、愉快，培养学生的成就感。

2. 活动贯穿于教学的整体过程中，为学生提供合作、交流、探索、归纳的机会，使学生最大限度地动手、动口、动脑、同伴互助。学生通过实际感悟相似多边形的概念，找出相似多边形的性质，并通过"读一读"，感受数学的实际应用价值。

3. 培养学生的主体意识，尊重学生的主体地位，让学生拿出自己准备的相似图形的图片仔细观察、自主思考。学生根据自己的理解，猜测、推断出结论，培养主动学习、自主探究的意识，真正成为课堂学习的主人。

教学设计

◎教学环节

一、课前准备

教学活动

活动内容：图片收集。(提前布置)

以小组为单位，开展收集活动：各尽所能收集生活中各类相似图形。(在必要的情况下，教师可以对学生选择的图片给予一定的要求，使调查更接近本课教学)

设计意图

学生能从中获取尽可能多的相似图形的信息，体会相似图形在生活中的实际意义；培养学生善于观察生活、乐于探索研究的学习品质，以及与他人合作交流的意识。收集的图片为引出相似多边形的定义提供了很好的素材准备，将极大地激发学生学习的积极性与主动性。

评价要点

学生能从生活中感受数学并培养小组团结合作的精神。

二、情境引入

教学活动

1.各小组派代表展示课前收集到的资料，并阐述从中获取的信息及其对现实生活的意义。(选3~4个小组代表讲解)

2.教师展示课件。(播放动画)

设计意图

培养学生的读图能力，并引导学生通过亲身体验归纳总结相似图形的共同特点，由此引出课题"相似多边形"。

评价要点

学生在一个开放的环境下展示、讲解自己收集到的生活中的图形，从中获取信息。通过对各种相似图形特点的一个自然感知的过程，学生能用自己的语言归纳总结出相似多边形的特点。

三、例题讲解

教学活动

例：下列每组图形形状相同，它们的对应角有怎样的关系？对应边呢？

（1）正三角形 *ABC* 与正三角形 *DEF*。

（2）正方形 *ABCD* 与正方形 *EFGH*。

设计意图

1. 要求学生结合所学的知识，画出图形，小组讨论，得出结果。（组内互相交流，教师给予适当帮助）

2. 各小组派代表将得出的结论进行相互比较，从而得出正确的结论。（教师给出提示）

评价要点

经过这一环节的学习，学生能够归纳出相似多边形的本质特征，为接下来的学习做好准备。

四、合作学习

教学活动

想一想：如果两个多边形相似，那么它们的对应角有什么关系？对应边呢？（学生分组讨论，互相交流协商，教师给予适当帮助或提示）

设计意图

相似多边形的定义既是最基本、最重要的判定方法，也是最基本、最重要的性质，学生应充分认识这一点。

评价要点

学生归纳出如果两个多边形相似，它们的对应角可能相等，对应边也可能成比例。但如果两个多边形不相似，那么各角不可能对应相等且各边不可能对应成比例。因此，各角对应相等、各边对应成比例是两个多边形相似的本质特征。

◎作业设计

A 组作业：基本定义和简单性质的应用，夯实基础，加强概念掌握。

B 组作业：包含 A 组作业和中层作业。

C 组作业：包含前两类和提高题。

◎板书设计

相似多边形的对应角相等，对应边成比例

解：(1) 由于正三角形每个内角都等于60°，所以

$\angle A = \angle D = 60°$，$\angle B = \angle E = 60°$，$\angle C = \angle F = 60°$；

由于正三角形三边相等，所以 $\dfrac{AB}{DE} = \dfrac{BC}{EF} = \dfrac{CA}{FD}$

(2) 由于正方形的每个角都是直角，所以

$\angle A = \angle E = 90°$，$\angle B = \angle F = 90°$，$\angle C = \angle G = 90°$，$\angle D = \angle H = 90°$；

由于正方形四边相等，所以 $\dfrac{AB}{EF} = \dfrac{BC}{FG} = \dfrac{CD}{GH} = \dfrac{DA}{HE}$

1. 各角对应相等、各边对应成比例的两个多边形叫作相似多边形。

2. 相似多边形对应边的比叫作相似比。

3. 相似用 "∽" 表示，读作 "相似于"。

教学反思

笔者对学生自主探索的问题拓展不足，应给学生充分的时间和空间去自主学习，对需要指导的学生给予适当的指导。在教学方法和教学语言的选择上，尽可能注意知识的衔接，既不违反科学性，又符合可接受性原则。教师在课堂上要起到主导作用，让学生有充分的活动机会，使课堂气氛更加活跃，实现 "人人学有价值的数学，人人都获得必需的数学，不同的人在数学上得到不同的发展"，笔者在这方面做得还不够。

一年级绘本教学
——*How to Make a Dragon?*

◇课型 | 活动实践课　　◇教材 | 英文绘本　　◇授课教师 | 陈哲

目标确立依据

◎课标分析

《义务教育英语课程标准（2022年版）》在课程实施部分提出"秉持英语学习活动观组织和实施教学"，要求教师要充分认识到学生是语言学习活动的主体，要引导学生围绕主题学习语言、获取新知、探究意义、解决问题，逐步从基于语篇的学习走向深入语篇和超越语篇的学习，确保语言学习的过程成为学生语言能力发展、思维品质提升、文化意识建构和学会学习的成长过程。

这一变化强调了课程内容与教学方式的关联互动是持续推动学生核心素养发展的关键。

◎教材分析

本课的教学内容以中华传统文化吉祥物"龙"为主题，通过文化渗透拓宽学生的视野，在学习身体部位和颜色相关词汇的同时，通过小组合作的形式，根据英文的步骤指引，动手制作个性化的舞龙玩偶，并以录制视频的形式向世界介绍中国龙，培养学生的民族自豪感。

◎学情分析

　　一年级学生充满了好奇心，对周围的一切都充满了新鲜感。同时他们年龄小，好动、易兴奋、易疲劳，注意力容易分散，喜欢涂涂画画，喜欢小组合作。

学习目标

　　1.基础知识

　　学习新词汇（身体部位），学习新句型（制作步骤）。

　　2.基本技能

　　主题提问，阅读理解排序，单词与图片配对。口语表达介绍龙的身体部位、颜色、大小等。

　　3.核心素养

　　语言能力发展、思维品质提升、文化意识建构、学会学习。

　　4.情感升华

　　热爱中华传统文化，认识中国龙，理解龙的传人的概念。

评价方式

　　1.教师评价：通过课堂闯关游戏，小组竞赛争星。

　　2.学生互评：小组合作完成。

　　3.组长评价：盖印章。

　　4.班级投票：贴贴纸。

教学设计

◎教学环节

一、学习理解

教学活动

　　1.主题导入，头脑风暴"中国龙"引入课堂，点明主题相关角色，激活学生已有的知识和经验。引导学生用一般疑问词和特殊疑问词提出与主题相关的一些问题。

2. 学习身体部位相关词汇，出示龙的身体结构图，鼓励学生通过读图、略读和精读等方式从语篇中获得新知，让学生动手组合龙的身体结构。

设计意图

通过梳理、概括、整合信息，建立信息间的关联，感知并理解语篇的结构及语言所表达的意义。

评价要点

词汇的听读配对。

二、应用实践

教学活动

1. 深入语篇，在学习理解类活动的基础上，引导学生围绕主题和新的知识结构介绍龙的身体结构。

2. 小组合作，动手制作舞龙玩偶。通过读图，概括和整合信息：

Draw a dragon

Cut out the parts

Color the parts

Fold the paper

Glue the parts to the body

Glue the sticks onto the body

设计意图

逐步实现对语言知识和文化知识的内化，巩固新的知识结构，促进语言能力的运用，助力学生将知识转化为能力。

评价要点

小组合作、创新。

三、迁移创新

教学活动

1. 小组成员介绍自己制作的舞龙玩偶。通过介绍描述颜色、大小等词汇，学生在新的语境中，基于新的知识结构，采用自主、合作、交流的学习方式，综合运用语

设计意图

指导学生在新的语境中，基于新的知识结构，通过自主、合作、交流的学习方式，综合运用语言技

言技能，进行多元思维，创造性地解决陌生情境中的问题。

2.通过舞龙表演，各小组上台展示和演绎中华传统文化——舞龙，升华主题。

> 能，进行多元思维，创造性地解决陌生情境中的问题。
>
> **评价要点**
> 综合运用语言的能力。

◎作业设计

1.根据步骤指引动手完成自己的舞龙玩偶作品。

2.用本课的英语单词简单地介绍中国龙的身体部位。

3.录制视频：用拓展词汇描述中国舞龙玩偶，并配上背景音乐。

> **设计意图**
> 1.学科整合，动手动脑，学会统整信息。
> 2.整合信息，建立信息间的关联。
> 3.综合运用语言技能，进行多元思维，创造性地解决问题。

◎板书设计

How to make a dragon?

Key words

| head eyes |
| legs nose |
| body beard |
| claw tail |

1. Draw a dragon.

2. Cut out the parts.

3. Color the parts.

4. Fold the paper.

5. Glue the parts to the body.

6. Glue the sticks onto the body.

教学反思

　　本课拓宽了学生的视野，在学习身体部位和颜色相关词汇的同时，学生通过小组合作的形式，根据英文的步骤指引，动手制作个性化的舞龙玩偶，并通过录制视频"中国娃娃向世界介绍中国龙"活用语言，培养了学生的民族自豪感。

　　当然，本节课还有做得不足的地方，如思维开放性还不够，可以从以下两方面进行改进：1. 在运用和操练目标语言时，应引导学生自主领悟书写。2. 在开展读后写作活动时，只设置了两个层次的写作，可以再增加一个层次，从而最大程度地保障每个层次的学生在自己的最近发展区实现能力提升。

二年级绘本教学——Super Dad!

◇课型 | 绘本阅读课　　◇教材 | 英文绘本　　◇授课教师 | 毛国印

目标确立依据

◎ 教材分析

　　该绘本故事讲述了在"红鼻子日"（Red Nose Day），爸爸打扮成超人的模样，在邻里进行募捐。Wilma 觉得爸爸的装扮有点傻气，感到难为情，但爸爸毫不介意。就在募捐进行得热火朝天之时，一个小偷趁大家不注意，拿起装满了捐款的小桶就跑。爸爸发现后，对小偷穷追不舍，终于拿回了善款，得到了大家的热烈掌声，Wilma 高兴地称赞爸爸为"super dad"。该绘本故事线清晰，语言全部以简短的陈述句和对话呈现，生动活泼，适合二年级的学生学习。

◎ 学情分析

　　二年级的学生已经有了一定的英语学科基础，能感知单词及简单句的重音和升降调，能有意识地模仿发音；能感知语言信息并借助图片读懂故事大意，在语境中理解句子的表意功能，体会 super 的意义在于乐于助人和勇敢担当；在 silly dad 到 super dad 的转变中，能注意到不同角度看待问题的差异性；在故事的层层递进中，可以根据图片和语篇信息进行情节预测；而同伴合作和小组合作则贯穿于整个课堂教学。

学习目标

1. 知识技能

（1）阅读目标单词和短语并了解其含义。

（2）阅读故事并分析故事的基本特征。

（3）在阅读时表达自己的感受和想法。

2. 目标、流程与方法

（1）通过听、读、演了解故事的主要思想。

（2）按时间顺序复述整个故事。

（3）小组合作谈论自己的父亲和对超人的理解。

3. 情感态度与价值观

（1）建构对什么是超人的理解。

（2）在弘扬本土文化的同时，接受优秀外来文化。

（3）有效合作并与同学进行适当的沟通。

评价标准

1. 借助故事大纲复述故事。

2. 表达对超人的想法。

3. 批判性地思考是什么让一个人变成超人以及超人的重要性。

教学设计

◎教学环节

一、导入

教学活动

    教师介绍"红鼻子日",以及在这一天人们通常会做些什么。

> **设计意图**
>
>   学生了解故事背景。
>
> **评价要点**
>
>   借助导入活动,引入新知,激发学生的学习兴趣。

二、演示

教学活动

    教师播放故事视频,并提出关于标题、背景和人物的问题。

> **设计意图**
>
>   学生听、读故事并分析故事中的人物角色。
>
> **评价要点**
>
>   借助视频展示文本,引导学生听、读故事,帮助学生梳理故事文本的基本要素。

三、操练

教学活动

    1.教师引导学生逐页阅读故事,在此过程中,学生需要倾听、阅读、表演并回答相关问题。

    2.教师鼓励学生根据故事情节复述故

> **设计意图**
>
>   1.学生听、读、演故事,然后回答相关问题。
>
>   2.学生复述故事。
>
>   3.学生分组讨论并自由表达自

事。

　　3.教师提出问题：Wilma 为什么会改变对爸爸的态度？

　　4.教师和学生一起通过说、唱形式巩固故事主要情节。

己的想法。

　　4.学生和教师一起说、唱故事。

评价要点

　　创设层次丰富且难度递进的听、读、演、说等活动，引导学生在活动中学习文本、厘清架构、建构意义。

四、成果

教学活动

　　1.教师展示一本关于父亲的照片集，并鼓励学生谈论自己的父亲。

　　2.教师引导学生思考如何成为一个超人。

　　3.教师创造性地表达自己对超人的看法。

设计意图

　　1.学生延伸阅读《我爸爸》，并谈论自己对父亲的看法。

　　2.学生分组讨论并思考问题。

　　3.在教师的帮助下，学生可以构建他们对超人的想法。

评价要点

　　在大量语言输入的基础上引导学生进行组内活动，鼓励输出表达，以强化其语言运用能力，培养其逻辑思辨能力，丰富其文化素养。

◎作业设计

1.Read the whole story.（巩固所学语言）

2.Retell the story to your parents.（提取和梳理关键信息，用自己的语言复述该故事）

3.Think about what makes a man super and why.（培养问题意识，尝试从不同角度观察和理解世界）

◎**板书设计**

教学反思

1. 学生虽然被笔者的超人斗篷吓了一跳，但没有感到兴奋。如果笔者在上课前先帮助学生做好心理预设，效果可能会更好。学生对"红鼻子日"产生了兴趣，笔者的假鼻子激发了他们的兴趣。

2. 学生饶有兴趣地观看了视频。在视觉辅助下，他们很快就得到了"故事发生在何时何地"的答案。

3. 学生认真地阅读每一页，他们喜欢用不同的语调阅读和表演。在笔者的引导下，能力强的学生明白了"做什么让你变成超人"这一点，但笔者没有给能力较弱的学生足够的时间去思考，误导了学生对超人的理解。

4. 从《超级爸爸》到另一本绘本《我爸爸》，学生都对"爸爸"所做的事情感到惊讶。笔者最好复述一下两本绘本中的关键情节，并与学生一起重复这些富有诗意的句子，这将有助于学生下次自由交谈。

5. 家庭作业是听故事和读故事，谈论生活中的其他超级人物。它可以鼓励学生更多地思考乐于助人、勇敢担当的意义，以及做什么是正确的事情。

三年级上册 "Yummy food!"

◇课型 | 活动课　◇读本 | 新魔法英语　◇授课教师 | 肖放林

目标确立依据

◎ 课标分析

《义务教育英语课程标准（2022年版）》在课程总目标部分提出，学生应通过本课程的学习，发展语言能力，培育文化意识，提升思维品质，提高学习能力。学段目标要求学生能感知单词、短语；能感知语言信息，积累表达个人喜好和个人基本信息的简单句式；能识别有关个人、家庭，以及熟悉事物的图片或实物、单词、短语；能借助语音、语调、手势、表情等判断说话者的情绪和态度；能围绕相关主题，运用所学语言，进行简单的交流；在书面表达中，能根据图片或语境，仿写简单的句子。

◎ 教材分析

"Yummy food!"是一篇情境课文，内容是 Harry 一家在快餐店里点餐的过程。其中重点单词是描述食物的单位名词，以及表示整数的英文数字。重点语法知识是如何用"How much"问食品的价格以及如何用"Can I have...?"点餐。

◎ 学情分析

三年级的学生经过两年的学习，积累了一定的词汇量，能简单地用英语进行交流，能自主阅读对应级别的英语绘本，相对于刚入学的一、二年级学生来说，三年级学生已经完全适应了小学生活，能遵守课堂规定，听从教师的指令做一些相对独立的结对练习和小组练习，能在已有的知识基础上做一些创新和探究。他们上课活泼、爱表现，喜欢活动式的课堂，特别愿意分享自己的独特想法。

学习目标

1. 基础知识

能正确使用描述食物的英语单位名词，能说出100以内的英语数字，会运用正确的带有单位的名词单复数形式。

2. 基本技能

能用简单的英语点餐和询问价格，能进行角色扮演模拟点餐情境，能仿写简单的句子。

3. 核心素养

能用英语表达自己想要的食物，并能用英语发现问题：Harry 一家一共有150元，钱够不够？要解决问题，学生要会统计所有食物的费用。

4. 情感升华

通过小组讨论，养成良好的餐桌礼仪，外出就餐注意文明。

评价方式

1. 通过朗读菜单里的食物名称和价格，评价学生对基础知识的掌握程度。

2. 通过结对的角色扮演，评价学生对用英语点餐和询问价格的掌握程度。

3. 通过表格罗列食物和价格，计算出 Harry 一家共需要花费多少元，小组内核对并汇报价格。

4. 学生分小组讨论外出就餐需要注意的文明礼仪，以此来评价学生对餐桌礼仪的认知。

教学设计

◎ 教学环节

一、导入

教学活动

教师出示一张菜单，学生读出菜单上的食物名称以及价格。

设计意图

复习上一个课时的重点单词、词组以及数字。

评价要点

学生能读出重点单词和词组。

二、展示

教学活动

1. 学生了解课文的背景。

2. 教师播放课文音频。

3. 学生完成一张思维导图，并各自算出 Harry 一家人共需要支付多少元。

设计意图

引导学生快速整理出每个人需要什么食物并合计总费用。

评价要点

学生算出的总费用是否正确。

三、练习

教学活动

1. 学生两人一组角色扮演课文中顾客和服务员之间的对话。

2. 教师创设真实情境，出示一张菜单，让学生通过结对练习在情境中运用所学英语。

设计意图

学生学会通过合作在运用中体会用英语点餐的成就感。

评价要点

学生能大致表达出自己想要的食物。

四、延伸

教学活动

　　小组讨论：外出就餐需要注意的餐桌礼仪。

> **设计意图**
>
> 　　学生了解就餐礼仪，并能在实际生活中严格要求自己做到文明就餐。
>
> **评价要点**
>
> 　　学生能收集同伴们的信息。

◎作业设计

----

1. 学生大声跟读课文，形成良好的发音和语感，再次巩固课文内容。

2. 以图文并茂的形式制作一份英文菜单，自取店名，发挥学生的创造力和想象力。

3.（自选作业）亲子活动：与家人一起练习点餐的对话。

◎板书设计

Unit 3　　Yummy food！

Harry	milk	sandwiches
Holly	orange juice	cake
Mr Wang	cola	noodles
Mrs Wang	cola	salad

Can I have a packet of sandwiches, please?

Sure.

How much is a plate of noodles?

It is twenty-six *yuan*.

教学反思

本节课在设计上很有层次感，从单词到句型，从句型到课文，由浅入深地开展。学生通过听、模仿和自己创编，熟练掌握了本节课的重点句型并熟悉了其应用的场景。活动形式丰富多样，有单人活动、结对活动以及小组活动，学生锻炼了自我表达能力和小组合作能力。这节课还涉及数学方面的知识，要求把这四个人点餐的费用合计，做到了学科整合。

七年级下册 "Rainbow eating"

◇课型 | 阅读课　　◇读本 | 新魔法英语　　◇授课教师 | 袁内军

目标确立依据

◎ 课标分析

根据《义务教育英语课程标准（2022年版）》的要求，英语学科主要从发展语言能力、培育文化意识、提升思维品质和提高学习能力四个方面培养学生的核心素养。义务教育英语课程分为三个学段，七至九年级对标学段目标的第三级。在语言能力方面，要求学生能读懂语言简单、主题相关的简短语篇，提取并归纳关键信息，理解隐含意义；能整体理解和简要概括语篇的主要内容；能根据听到或读到的关键词对人物、地点、事件等进行推断；能围绕相关主题，运用所学语言，与他人进行日常交流。在文化意识方面，要求学生能理解与感悟中外优秀文化的内涵；领会所学简短语篇蕴含的人文精神、科学精神和劳动价值；有正确的价值观和积极向上的情感态度；有自信自强的良好品格，做到内化于心、外化于行。在思维品质方面，要求学生能辨识信息之间的相关性，把握语篇的整体意义；能提取、整理、概括稍长语篇的关键信息、主要内容、思想和观点；能根据语篇内容或所给条件进行改编或创编。在学习能力方面，要求学生对英语学习有持续的兴趣和较为明确的学习需求与目标；能在学习活动中积极与他人合作，共同完成学习任务；能在学习过程中积极思考，主动探究，发现并尝试使用多种策略解决语言学习中的问题，积极进行拓展性运用。

◎ 教材分析

此文本来源于新魔法英语七年级下册。本单元的主题为 Rainbow eating，模块主题为 Healthy life，属于"人与自我"范畴。教材按照大单元大概念主题教学理念安排听说读写的教学内容，本文是单元的阅读主文章，承担知识和词汇输入的任务，为后续说和写等语言输出活动做好准备。

◎ 学情分析

学生具有比较扎实的英语语言基础和较高的综合语言运用能力。他们对健康生活这个主题并不陌生，在之前的英语学习和别的学科中曾经接触过这个主题，不过对"rainbow eating"这个概念比较陌生。

学习目标

1. 基础知识

学习了解彩虹饮食的知识，学会使用相关表达。

2. 基本技能

运用恰当的阅读技能来阅读文章，如略读、扫读、阅读转换和批判性思维等。

3. 核心素养

用英语和他人合作与交流。

4. 情感升华

学会使用本节课所学知识来关心和帮助自己、家人和朋友。

评价方式

1. 教师观察学生的学习过程并及时评价。如有错误，及时纠正。

2. 教师引导学生使用不同的策略阅读文章并及时评价。

3.教师和学生给小组表演作出评价。

4.教师检查学生的作业并评分。

教学设计

◎教学环节

一、热身环节

教学活动

1.教师明确学习任务。

2.学生做调查并回答问题。

3.教师播放视频，学生看视频并回答问题。

设计意图

1.吸引学生参与课堂的注意力。

2.帮助学生学习一些关于健康饮食的基本知识。

评价要点

学生是否专注和感兴趣。

二、读前活动

教学活动

提出一个驱动性问题：找到彩虹饮食的意义。

设计意图

帮助学生了解课文类型，并为他们准备一些彩虹饮食的基本知识。

评价要点

学生是否能正确回答问题。

三、读中活动

教学活动

1. 略读课文：快速阅读课文，并将段落大意与每一段相匹配。

2. 扫读课文：快速阅读文章并完成第一张表格。

3. 细读课文：

（1）认真阅读第3段，完成第二张表格。

（2）认真阅读文章，找出隐藏的信息。

（3）从文章中提出问题，并回答其他人的问题。

设计意图

1. 通过适当的阅读策略帮助学生找到目标信息。

2. 帮助学生获得后续任务所需的基本信息。

3. 引导学生超越思维界限，提升思维能力。

评价要点

学生是否能通过运用适当的阅读策略找到目标信息，并从文本中提出自己的问题。

四、读后活动

教学活动

1. 介绍任务：营养学家进社区。

2. 小组合作：分角色扮演营养学家和有不同健康问题的人。

设计意图

1. 帮助学生利用所学知识解决生活中的实际问题。

2. 提升学生与他人合作的能力。

3. 帮助学生体验说英语的乐趣。

评价要点

1. 学生是否能用学到的知识表达自己的观点并发表评论。

2. 学生是否能在小组合作中帮助有需要的同学。

五、总结

教学活动

自我评估：学生评估自己在这节课上的表现。

> **设计意图**
>
> 帮助学生反思所学，并思考下一次需要改进的方面。
>
> **评价要点**
>
> 阅读学生的自我评价结果，思考如何帮助他们提高。

◎作业设计

鼓励学生根据自己的兴趣选择任务。

1. Think about your own health problem and what colour of food can help you solve it. Try rainbow eating!

2. Choose at least one task to do.

a. Write an e-mail to your parents and relatives to tell them about rainbow eating.

b. Make a poster about rainbow eating.

c. Interview your relatives and friends about their health problems and give them advice on rainbow eating. Hand in your interview script.

◎板书设计

Unit 7　Rainbow eating

Eat a rainbow and stay healthy

Character　　Problem　　Cause　　Solution　　Results

Different coloured foods	Functions	Examples
Blue and purple foods	reduce the risk of cancer fight the ageing process	blueberries plums
Red foods		
White foods		
Green foods		
Yellow and orange foods		

教学反思

　　总体来说，本节课教学目标设计科学合理；教学步骤清晰流畅、层层深入、水到渠成；教学重难点突出并被较好地解决；教学过程集知识性与趣味性为一体，很好地激发了学生的学习兴趣，提高了学生的参与度，体现了"以教师为主导、以学生为主体"的教育理念。对阅读策略和技巧的指导，对任务活动的设计，对学生课堂知识联系真实生活的引导以及作业的布置都是本节课的几大亮点。

八年级上册"Listening and speaking"

◇课型 | 听说课　◇教材 | 沪教牛津版　◇授课教师 | 李欣

目标确立依据

◎课标分析

《义务教育英语课程标准（2022年版）》强调培养学生的核心素养，关注学生的关键能力和必备品格。英语课程要培养学生的语言能力、文化意识、思维品质和学习能力。教师应在教学过程中基于英语学习活动观来组织学生学习语言和语言背后的文化知识。

本课为听说课，通过听力文本的输入、真实情境的创设、英语学习活动的开展等，学生可以理解语言、建立意义、锻炼技能、发展文化意识和创新思维，培养跨文化交际的能力，并最终发展学生的核心素养，落实立德树人的根本任务。

◎教材分析

本单元的话题是"人与社会"主题下的"跨文化交流"，本节课课型为听说课。听力输入的资源是教师和学生之间关于伦敦教育交流的对话，这也是中英两国学生文化交流的第二部分。英语输出活动的内容是关于爱丽丝在英国交流的经历，涉及本单元语法——现在完成时的应用。

听力教学内容是教师和学生之间的对话，教师提醒学生在英国交流期间的注意事项等，对话具有真实的交际目的，学生在真实的活动中体验和使用语言，感知文化差异。在口语活动中，学生运用目标语言谈论爱丽丝的交流经历，在体验、合作中运用语言，关注单元整体的教学目标。教学设计要以听说材料为依托，通过学习、合作、迁移和创新等活动，引导学生解决真实的问题，最终指向发展学生的核心素养。

◎**学情分析**

学生在阅读课中已经学习了中英教育交流的第一部分，即英国学生来北京交流学习。在听力环节，学生将讨论交流的第二部分，即中国学生去英国进行教育交流。

学生普遍认为使用英语就"中英教育交流"这一话题发表自己的观点比较困难，尤其是在班级里公开讨论汇报。

教师应鼓励学生大胆表达、善于合作、比较中外文化差异、培养文化意识，最终提高跨文化沟通与交流的能力。

学习目标

1.培养听力技巧。如听前预测，听中记笔记、获取目标信息等。

2.发展语言能力。能够在感知、体验、积累和运用等英语语言活动中，对爱丽丝的教育交流活动进行有意义的讨论和交流。

3.培养文化意识。能够了解中英两国的文化差异，发展跨文化交流的能力，同时传播好中国文化。

4.提高学习能力。能主动参与英语语言活动，注意倾听、乐于交流、合作互助。

评价方式

教学评价应贯穿课堂，落实"教—学—评"一体化的目标。

在听说课中，教师应以培养学生的核心素养为出发点，在评价过程中发挥学生的主体作用，采用多元化的评价方式，同时尊重学生个体差异，促进全体学生的全面发展。

1.关注评价的发展作用。在听力和口语活动中，教师给予学生正向的、及时的评价，帮助学生培养英语学习兴趣和树立自信心，给予学法指导和及时反馈。

2. 关注评价的根本出发点和落脚点，即培养学生的核心素养，凸显以学生为主体的教学理念。

教学设计

◎教学环节

一、导入话题

教学活动

    1. 师生问好。

    2. 创设情境：学生们被邀请去伦敦参加教育交流活动。

    3. 学生观看相关视频，并回答两个问题。

设计意图

    导入主题，激发学习兴趣，了解背景知识，为听力做好铺垫。

评价要点

    观察学生回答问题的表现，判断其听听力之前的准备情况。

二、听前活动

教学活动

    1. 创设问题并提问：去伦敦交流之前应注意哪些事项？

    2. 学生自己预测听力内容，教师提醒学生注意运用听中记笔记的技巧。

设计意图

    创设真实情境，帮助学生掌握听前提问并预测信息、听中记笔记的技巧。

评价要点

    判断学生听听力之前的准备情况，鼓励学生大胆预测，并做好听中笔记。

三、听中活动

教学活动

1.学生听任务 A 中的对话，完成任务 A。

2.学生再听一遍对话，完成任务 B。

3.学生听第三遍对话，并注意模仿语音语调，教师指导学生使用降调。

设计意图

指导学生听听力，并完成任务 A 和任务 B。同时，训练学生的语音语调。

评价要点

观察学生在整个听力环节中使用听力技巧是否正确，模仿朗读是否地道，把握学生学习、感知、内化所听语言的情况。

四、听后活动

教学活动

1.呈现思维导图，指导学生根据思维导图复述听力内容，教师提供重点句型和框架。

2.学生玩"寄宿家庭主人"游戏，教师指导学生用英语提问。

设计意图

鼓励学生转述对话的核心内容，梳理、学习关键句型与重点语言。培养学生的提问能力，为下一步的口语活动做好准备。

评价要点

观察学生在听后环节能否复述所听内容，语音语调是否地道，把握学生内化、迁移所听语言的情况。

五、口语活动

教学活动

1.两人口语活动：教师指导学生运用现在完成时进行对话，提问并回答爱丽丝的英国交流经历。

2.小组活动：教师组织学生小组合作，详细、恰当、得体地介绍爱丽丝的英国交

设计意图

创设对话情境，培养文化意识，引导学生使用听力文本、超越文本，培养学生在真实情境中运用所学语言和跨文化知识解决实际问题的能力，推动知识迁移与创新。

流活动，并进行小组汇报。先组员自评，
然后请其他同学评价。

3.观看视频并讨论：学生观看一段介绍留学生经历的视频，讨论留学生遇到的问题，最后提出合理、可行的解决办法。

评价要点

关注学生使用语言的情况，以及是否能在小组合作中，恰当地、创新地介绍爱丽丝的英国交流活动，根据需要提供必要的反馈和评价。

◎作业设计

1.（必做）利用思维导图介绍爱丽丝的教育交流经历。

2.（选做）根据教师提供的另一段教育交流视频，找出三个中外文化差异，并制作微视频介绍这些差异。

◎板书设计

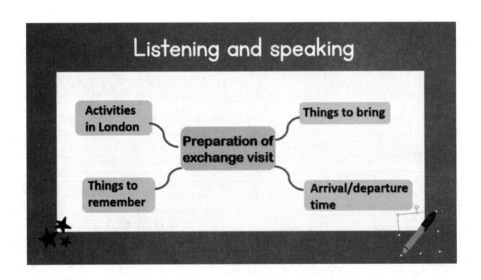

在这节听说课中，教师反思并总结出以下五个闪光点：

第一，教师创设了一个连贯整个单元的真实情境，学生们能更加积极并主动地参加英语活动。

第二，视频有利于调动学生的学习积极性和激发学生的学习兴趣，为听说课打下基础。

第三，听力练习的设计形式多样，有控制型练习、半开放型练习和开放型练习，这些都是基于英语学习活动观设计的。

第四，学生意识到中外文化差异，更具国际视野。

第五，师生、生生之间有良好的互动，整个教学过程体现"教—学—评"一体化，注重采用自我评价、同伴评价、教师评价等多样化的评价方式。

八年级上册"The king and the rice"

◇课型 | 阅读课　◇教材 | 沪教牛津版　◇授课教师 | 罗新燕

目标确立依据

◎课标分析

　　《义务教育英语课程标准（2022年版）》要求七至九年级的学生能理解日常生活中的简单语言材料，有一定的语感；能在日常生活或一般社交场合中用所学语言与他人交流信息，表达自己的观点和情感态度。尊重与包容不同文化，具备分析、比较、判断文化差异性和相似性的基本能力，树立国际视野，涵养家国情怀；理解与感悟优秀文化的内涵，有正确的价值观、健康的审美情趣和良好的品格。能根据获取的信息，综合、归纳、概括、辨析、判断主要观点，发现规律，建立逻辑关联，独立思考，发现问题、分析问题并创造性地解决问题。能积极尝试运用不同的英语学习策略提高学习效率，找到适合自己的英语学习方法，学会反思，养成良好的学习习惯；能进行自主学习、合作学习和探究学习。

◎教材分析

　　本单元的主题为数字，涉及数字的故事、各种数字的表述、数学运算的英文表达、数字在调查报告中的应用等。本单元的阅读篇章是"The King and the rice"，学生通过阅读故事，感受到数字的无穷魅力。本课时也鼓励学生进行英语和数学的跨学科融合，激发学生学用结合，同时，学生联系日常学习生活进行情感提升，体会到"不积跬步，无以至千里"，从而珍惜大好年华，不懈努力。

◎ 学情分析

八年级的学生已经具备了一定的语感，能在日常生活或一般社交场合中用所学语言与他人交流信息，表达自己的观点和情感态度。八年级的学生同时具备了分析、比较、判断文化差异性和相似性的基本能力，有正确的价值观、健康的审美情趣和良好品格；能根据获取的信息，综合、归纳、概括、辨析、判断主要观点，发现规律，建立逻辑关联，独立思考，发现问题、分析问题并创造性地解决问题。

学习目标

1. 基础知识

掌握生词 chess、wise、palace、grain、double、amount、realize 和短语 challenge... to、order... to 等的用法。

2. 基本技能

训练阅读策略中的预判、猜测、分析、批判性思维等能力。

3. 核心素养

根据获取的信息，综合、归纳、概括、辨析、判断主要观点，发现规律，建立逻辑关联，独立思考，发现问题、分析问题并创造性地解决问题。

4. 情感升华

体会到"不积跬步，无以至千里"，学会珍惜大好年华，不懈努力。

评价标准

1. 能理解故事内容并掌握一些关键词汇和短语表达。

2. 能在阅读的同时猜测故事的发展。

3. 能复述故事。

4. 能把数字和日常生活联系起来。

教学设计

◎ 教学环节

一、热身环节

教学活动

　　1. 以快速问答的形式玩一个关于数字的游戏。

　　2. 看图片并进行头脑风暴，思考数字在日常生活中的应用，比如：我们可以使用数字来表示日期、时间、温度等。

设计意图

　　激发学生对数字的好奇心和求知欲，引导学生自主思考，明确语篇知识和经验的关联，引出本课要解决的问题，培养学生的预测能力，帮助学生把握语篇的主线。

评价要点

　　1. 观察学生回答问题的速度和准确度，从而了解学生对数字的敏感度。

　　2. 观察学生回答问题的表现，根据其所说的具体信息了解其对数字的认知程度。

二、读前活动

教学活动

　　跳读标题、图片，回答问题。

　　1. 第一幅图中的人物是谁？

　　2. 他们正在干什么？

设计意图

　　引导学生根据语篇主线探究和理解故事背后的隐含信息，启发学生深度思考，探究深层意义，为进一步提炼和概括信息做好铺垫。

评价要点

　　观察学生回答问题的表现，了解学生对故事的预判能力。

三、读中活动

教学活动

1. 分部分扫读文本并找出关于故事的详细信息。

（1）读第一、二段并完成关于故事元素的表格，然后预测故事。如果你是那位聪慧的老人，你想得到什么奖品？

（2）读第三至五段，回答问题。

① 那位聪慧的老人想要什么奖品？

② 为什么国王问老人，"难道你不想要金子或银子吗？"

③ 为什么老人只想要大米？

④ 预测故事：谁最终会赢得比赛？

（3）读第六段并回答问题。

① 谁最终赢得了比赛？

② 国王要在棋盘格子上放多少大米？

③ 老人能从国王那获得奖品吗？请说明原因。

2. 复读故事并从文中找出一些关键词或短语，画出故事的思维导图。

3. 在思维导图的帮助下复述故事。

4. 按故事内容填空，完成故事的摘要。

设计意图

引导学生探究语篇的内涵与意义，促进学生逻辑思维和辩证思维的发展。

评价要点

观察学生在各个活动中的表现，了解学生对阅读策略的掌握情况，以及对故事进行预判、猜测、归纳、概括和批判性思考的能力。

四、读后活动

教学活动

1. 六人一组编写一个关于数字的故事，然后跟同学分享这个故事。

2. 学习关于数字的谚语。例如：Many a little makes a miracle.

设计意图

引导学生用所学语言编写与数字相关的故事，推动迁移创新。

评价要点

观察学生的表现，了解其语言表达情况，并给出必要的指导和反馈。

◎作业设计

1.（必做）用自己的语言复述故事。

2.（选做）构思故事的结尾，把它写下来并与同学分享。

3.（选做）创作一幅关于本课故事及其结尾的漫画。

◎板书设计

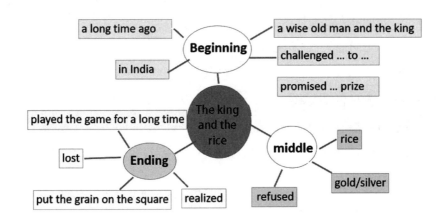

教学反思

本节课的教学目标是通过这一节课的学习，学生能充当好 predictor（预测者）、thinker（思考者）、reader（阅读者）和 connector（连接者）的角色，能通过文章线索预测故事情节发展并进行思辨性思考。教学过程是借助多媒体技术来展开的。

首先，教师以数青蛙腿的小活动导入，通过快速地计算调动学生对本课学习的兴趣，激发学生的学习热情。同时引入 "What can we use numbers for in our daily life?"，学生们各抒己见，大胆地表达自己的想法。接着教师总结 "We can use numbers to count, to tell the time, to tell the temperature..."。最后师生共同得出结论："Numbers are everywhere around us. Numbers are very useful."。

　　然后，教师引导学生看图和读题，对文章进行整体感知。思考两个问题："Who are the people in the first picture?""What are they doing?"。

　　其次，教师引导学生进行分部分阅读赏析文章，对文章的重点词语和句子进行分析，层层深入，理解文章。其间，教师通过引导学生猜测故事情节的方式使得整个活动环环相扣。

　　再次，引导学生借助思维导图复述课文，对故事加以复习巩固。

　　最后是语言输出部分，通过本课的学习，学生对数字的重要性和数字的魅力有了一定的了解，教师引导学生编创一个关于数字的故事，要求这个数字的出现频率越多越好，故事越有趣越好。学生们小组合作，然后再上台表演，热情高涨。

　　整节课紧扣数字这个主题，教学顺畅，教学思路成熟，教学活动环环相扣。活动设计充分体现了授课教师扎实的教学功底和教学能力。课堂教学效率很高，学生学得扎实，学得高效。如复述故事环节，不仅让学生说，还通过文本的形式巩固学生的学习成果。组织学生进行小组活动前，教师先让学生了解活动的规则，使学生清晰地知道该做什么和怎么做。且课堂的升华紧扣主题和学生生活。当然，这节课也还有需要提升的地方，如在思维导图的呈现上，虽然漂亮但略显复杂。

　　教学是一门无止境的艺术，备好课也绝不是一句空话，它需要教师充分了解教材、了解学生，踏踏实实地考虑每一环节，这样每一节课才都会是高效的。

九年级上册
"Aunt Linda's advice page"

◇课型 | 读写结合课　　◇教材 | 沪教牛津版　　◇授课教师 | 龚刚

目标确立依据

◎课标分析

　　该主题属于"人与自我"范畴，涉及"自我认识、自我管理、自我提升"子主题。

　　通过本节课的学习，学生了解新媒体语篇（电子邮件）的文体特点、结构特征、基本语言特点和信息组织方式，对标《义务教育英语课程标准（2022年版）》"语篇类型内容"和"语篇知识内容"三级要求。学生学习并运用所学知识描述问题、寻求帮助并给出建议，对标新课标"语用知识内容"三级要求。学生在本节课的学习中，获取语篇的主旨要义和关键细节，通过分析作者的措辞、语气等推断作者的真实意图；通过独立或者小组合作完成课堂学习任务，并能使用正确的词汇、句式等准确地表达，符合新课标"语言技能内容"三级要求。同时，学生在学习中养成"发现问题""寻求帮助""解决问题"的积极生活态度和学习态度，并在小组学习活动中互帮互助、共同进步，符合新课标"学习策略内容"三级要求。

◎教材分析

　　本单元以"问题和建议"为话题，以征求和给予建议为主线，由阅读、听力、语法、表达、写作五个部分构成。阅读部分包括主课文和 More practice 阅读。主课文

"Aunt Linda's advice page"是在线专栏中的四封邮件。学生通过阅读可以了解青少年的困惑和苦恼。More practice 文章是主课文的延续，Aunt Linda 分别就主课文中的四名青少年的问题给予回复，给他们提供解决问题的建议。听力部分是一段求助类的广播节目。语法部分介绍了句子的主语、谓语、宾语、补语和状语等句子成分。口语表达部分介绍了征求意见和给予建议的方法，要求学生根据所给语境创编对话。写作部分介绍了求助信的结构，要求学生就自己存在的问题和困惑给 Aunt Linda 写电子邮件，寻求帮助和建议。

本单元的核心语言知识主要围绕寻求帮助、给予建议展开，涉及对问题和困惑的描述，如问题和困惑的具体表现、感受如何、如何求助，以及给予建议的表达等。

◎学情分析

初中生正处于生理和心理都发生复杂变化的关键时期，他们在学习和情感上都可能存在一些困惑或者面临一些成长的烦恼，那么，如何让他们正确地看待问题、表达问题、寻求帮助，进而解决问题是教师设计本堂课的思考主线。由于文本的难度不大，而且学生在课前已对本单元的生词进行了预习，因此教师的授课重点不在于对文章词汇的语义处理，而在于文章的主旨大意、细节信息和对某些词汇的功能作用进行解读。因此，本节课应该定位为阅读及段落写作产出课，即读写结合课。大部分学生思想活跃，敢于表达，有一定的自主学习能力，基于此，本节课的设计要突出学生的主体地位，课中和课后活动设计都采用组内合作式自主学习模式，即学生在组长的带领下，完成段落的解读和分析，最终完成写作。

学习目标

1.基础知识

通过阅读了解文章的文体特点，理解文章大意，掌握描述问题、寻求帮助的基本表达。

2. 基本技能

获取语篇的主旨要义和关键细节，通过分析作者的措辞、语气等推断作者的真实意图；通过自主学习或者小组合作完成课堂学习任务，并结合主题使用正确的词汇、句式等进行表达。

3. 核心素养

以语篇学习为基础，小组合作，自主学习，在学习和思考中，培养发现问题、分析问题和解决问题的能力，在获得语言能力提升的同时，实现文化、思维和学习能力的全面提升。

4. 情感升华

能正确看待成长过程中的烦恼和困惑，并敞开心扉，寻求帮助，找到解决问题的办法；同时，能意识到问题无处不在，只有努力学习，才能够具备解决更多问题的能力。

评价标准

1. 学生能够通过通读语篇，了解电子邮件的文体特征，理解文章大意，并能根据上下文推断出生词的意思，掌握描述问题、寻求帮助的基本句式。

2. 学生能够通过阅读策略的指引，获取语篇的主旨要义、关键信息、写作意图，并能够通过自主学习或者小组合作完成课堂学习任务。

3. 学生能够以语篇学习为基础，在独立学习和小组合作学习中培养发现问题、分析问题和解决问题的能力。

4. 学生能够正确看待成长过程中的问题和困惑，懂得寻求帮助，并找到解决问题的办法；同时，意识到努力学习能够使自己具备解决更多问题的能力。

教学设计

◎教学环节

一、导入环节

教学活动

    学生观看一段青少年采访视频，回答问题。

> **设计意图**
>
>   导入话题，激发学习兴趣。
>
> **评价要点**
>
>   学生通过观看视频，产生情感共鸣，激发学习兴趣。

二、读前活动

教学活动

    学生扫读图片、引言、标题、作者名称，回答问题。

> **设计意图**
>
>   让学生了解文体类型、作者的写作意图和文章背景信息。
>
> **评价要点**
>
>   学生通过略读，了解阅读文体、写作意图。

三、读中活动

教学活动

    1. 学生略读文章，找到每个发帖人反映的问题。

    2. 教师引导学生细读一篇帖子，回答更深层次的问题，并分析文本语言特征。

    3. 学生小组合作完成另外三篇帖子的

> **设计意图**
>
>   引导学生利用阅读策略，理解段落大意；给学生示范如何进行文本内容和语言结构的分析。
>
> **评价要点**
>
>   1. 学生能够通过快速阅读，总结段落大意。

内容和语言结构的分析，并向全班汇报小
组学习成果。

> 2. 学生能够分析一个段落的结构，聚焦重点表达。

四、读后活动（读写结合）

教学活动

学生在小组内讨论自己在生活中遇到的问题，并仿照阅读文本的结构写出小组内最具代表性的问题。学生在小组内共同完成写作，并针对问题给出建议。

设计意图

学生利用所学，用英语表达自己遇到的问题，并通过小组合作完成文本写作、评价，并给出建议。

评价要点

学生能敞开心扉，分享自己的苦恼，并用所学的表达方式进行正确表达；学生能仔细聆听，并给出可行性建议。

五、评价与反思

教学活动

学生从多个维度反思本节课所学内容。

设计意图

帮助学生通过评价量表回顾、总结和反思本节课所学内容，让学生更清楚地了解自己的收获和不足。

评价要点

学生能够通过评价量表准确反思和评价自己的收获和不足。

◎作业设计

一、必做作业

Do some online reading exercises about teenage problems.

设计意图

通过同主题阅读任务，学生能更了解同龄人生活，理解生活中遇到问题不可怕，关键是要找到好的看待问题的方式，要学会寻求帮助，最终找到解决问题的方法；同时，学生通过拓展阅读，阅读能力得到锻炼，也能习得更多相关语言知识。

二、选做作业

Write down your problems and post them to Ms. Gong's advice page.

设计意图

引导学生运用本节课所学到的框架结构、语言表达，阐述自己的问题，并向教师寻求帮助。这项作业给了学生更大的发挥空间，以培养其核心素养。

◎板书设计

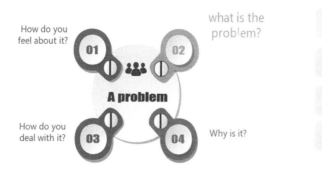

教学反思

教师在本节课的设计中重点突出学生主体地位，运用了多种不同的教学方法和手段，分组讨论与自主学习并重，旨在充分调动学生的参与积极性并激发其创造性。课堂气氛融洽，课堂教学目标基本达成，即完成文本题材、大意、细节信息、段落结构、重点词汇的学习，同时学生能用所学知识描述自己和朋友的问题，并解决问题。本节课的重难点主要在学生小组合作对段落结构进行分析和表达，以及学生运用所学知识现场进行问题描述，从学生的表现来看，教师引导和小组合作学习的效果较好，学生的课堂表现让在场听课教师印象深刻。但是，还有以下几个方面值得商榷、有待提高：

1. 就教学设计而言，有的活动略显枯燥，例如文本的解读过程，教师不用给学生设计太多的限制，应尽量让学生自己表达；活动设计不能求多，否则，做得不深不透，有的环节留给学生思考的空间不足。

2. 教师有意培养学生的批判性思维，但问题的设置梯度和难度都有待改进，有的问题给予学生的生长空间不足。

二年级上册"美丽的叶子"

◇课型 | 造型表现课　◇教材 | 岭南版　◇授课教师 | 谢晖桢

目标确立依据

◎课标分析

- -

　　审美感知和艺术表现是艺术课程要培养的核心素养，根据《义务教育艺术课程标准（2022年版）》中的相关表述，可以确定本课例中这两大核心素养的培养要求。

　　审美感知：能感知身边美的事物，认识大自然中的美、社会生活中的美、艺术作品中的美，逐步培养学生发现美、感知美、欣赏美的能力。本课旨在引导学生细心观察，发现树叶的美。

　　艺术表现：能使用不同的工具、材料和媒介表达自己的所闻所感。本课要求学生运用剪纸的方式创作树叶，并进行装饰美化和粘贴，使学生掌握艺术表现的技能，培养学生热爱生命的态度。

　　教师应注重艺术与自然的融合，汲取丰富的审美教育元素，传递人与自然和谐共生的理念，促进学生的全面发展。本课的学习结合了许多有关树叶的科学知识，让学生在感受自然美的同时，感受人与自然的命运共同体关系，学会热爱大自然，保护大自然。

◎教材分析

- -

　　树叶是学生生活中常见的事物。本课以一系列的活动进行导入，激发学生的好奇心，引导学生细心观察身边的事物，让学生从局部开始，感受树叶的纹理美、形态美、色彩美，引导学生大胆运用线条造型元素表现树叶，并通过画叶子、印叶子、剪叶子、贴叶子等方法积极创作，激发学生对大自然的喜爱之情。本课创设"帮大树找回美丽的树叶"的故事情境，引导学生积极地解决问题，培养学生助人为乐的精神和保护大自然的意识。

◎学情分析

二年级属于小学美术教育的第一阶段，学生的观察力、想象力和造型能力都在逐步提高。二年级学生经过一年的美术学习，已经初步了解了线描的表现形式和点、线、面的装饰技巧，这个阶段的学生对美术有浓厚的兴趣，有丰富的想象力，但在表现不同物体的不同形态特征方面还有所欠缺，在评论与欣赏方面也有待提高。因此，教师在本课的教学过程中设计了小游戏，充分调动学生学习的积极性，引导学生主动观察，抓住事物的外形特征，大胆描绘，引导学生进行集体创作和评价展示。

学习目标

1. 基础知识

主动积极参与本课学习，认识事物的本质，体验发现的乐趣，关注身边不起眼的事物。

2. 基本技能

在学习过程中学会仔细观察，感受叶子的美，在创作实践活动中提高艺术表现力和表达能力，运用画和剪的方法，以点、线、色表现叶子的外形与纹理，提高动手操作能力，并能学会合作，懂得分享。

3. 核心素养

主动观察探索、自由表达、小组合作讨论、互相交流，积极参与集体的创作实践，体验合作的快乐，培养团结合作的精神。

4. 情感升华

能积极地解决问题，培养助人为乐的精神和保护大自然的意识。

评价方式

1. 设计课堂活动小游戏"猜一猜""画一画""赏一赏"。

2. 通过分层作业，鼓励学生运用画、剪、贴的方法进行创作，帮助大树找回美丽的叶子。

3. 学生通过小组讨论，进行分享交流。集体创作实践，共同努力完成任务。

4. 学生创作实践并进行作品展示，开展学生自评、同伴互评、教师评价。

教学设计

◎教学环节

一、创设情境，引导观察

教学活动

1. 打开演示文稿，引导学生猜一猜，引入课题"美丽的叶子"。

2. 小游戏：摸一摸，画一画。

请四个学生上台蒙住眼睛，摸一摸（叶子），然后根据自己刚才摸到的形状画一画。

3. 欣赏不同颜色的叶子，感受叶子的色彩美。

设计意图

从课堂游戏活动中，观察不同树叶的纹理、外形和色彩特点，感受叶子的纹理美、外形美、色彩美。

评价要点

学生从猜、画、赏的活动中仔细观察发现，能感受叶子的纹理美、外形美、色彩美。

二、自主探究——叶子的小秘密

教学活动

由"小叶子"提出三个问题考一考大家：

1. 为什么大多数叶子都是绿色的？

设计意图

学习有关树叶的科学知识，让学生在感受自然美的同时，感受人与自然的命运共同体关系，学会热爱大自然、保护大自然。

2. 为什么秋天树叶会变黄，然后从树上落下来？

3. 你们知道树叶有哪些作用吗?

评价要点

学生通过小组讨论进行分享交流，体验分享的快乐。

三、情感体验，创作实践

教学活动

"小叶子"给学生讲述一个关于大树的故事，并请求大家帮助大树找回美丽的叶子。

活动要求：

1. 运用画和剪的方法，描绘出美丽的树叶并剪下来，贴在光秃秃的树干上。

2. 根据不同树叶的外形，抓住它们的不同特点进行描绘，并加上漂亮的叶脉。

3. 能运用点、线、色表现叶子的外形与纹理。

设计意图

1. 故事情境的创设更能引起学生情感上的共鸣，激发学生创作的热情，培养学生热爱生命的态度。

2. 针对不同层次的学生设计不同难易程度的活动要求，有利于增强学生创作的自信心和积极性。

3. 集体创作一幅完整的作品，有助于培养学生团结协作的精神，增强学生的自信心与成就感。

评价要点

根据自己的个体情况选择相应的要求进行创作，集体合作，共同努力完成任务，帮助大树找回美丽的叶子。

四、作品展示评价

教学活动

作品展示，学生自评，同伴互评，教师评价。

设计意图

升华情感，强调环保主题。

评价要点

学生能清晰地表达自己的想法，学会合作，懂得分享。

◎**板书设计**

美丽的叶子

纹理美

外形美

色彩美

点、线、色

方法：画—剪—贴

教学反思

在课堂活动中，融合其他学科的相关知识，学生的学习兴趣一直很浓，真正做到了积极参与、主动探索、自由表达、共同讨论、合作交流。学生能认识事物的本质，体验发现和分享的乐趣，关注身边不起眼的事物，还培养了热爱大自然的情感和保护大自然的意识，在活动中互相学习、互相帮助，既锻炼了动手操作能力，又提高了表达能力。

四年级下册《彼得与狼》

◇课型 | 欣赏课　◇教材 | 人音版　◇授课教师 | 张家溪

目标确立依据

◎ 课标分析

审美感知、艺术表现和文化理解是艺术课程要培养的核心素养，根据《义务教育艺术课程标准（2022年版）》中的相关表述，可以确定本课例中这几大核心素养的培养要求。

1. 审美感知：结合具体情境，初步认识乐器，了解乐器的音色、形状和演奏姿势等。

2. 艺术表现：能听辨乐器音色并做出相对应的演奏姿势及表现相应的角色形象。

3. 文化理解：在探索实际问题的过程中，理解每个角色的特点，并讨论与之相匹配的乐器。

◎ 教材分析

《彼得与狼》的作者是苏联作曲家普罗科菲耶夫，这是一首交响童话，根据同名童话写成。它通过乐器的演奏和朗诵描述了一个非常生动的童话故事，每个角色都有自己的主题音乐及对应乐器。在这次项目学习中，学生能够深入了解乐器形状、演奏姿势，分辨出乐器音色和对应角色，同时能在童话故事的学习探索中学习彼得不怕困难、沉着冷静的特质。

◎学情分析

四年级的学生对音乐的感知更加深入，想象力也更加丰富，这节欣赏课既能综合学生之前的音乐欣赏能力，又能激励与鼓舞其后续与终身的音乐学习。所以在设计课件时，教师较好地融合了趣味性与专业性，让学生在有趣的故事中复习已有知识并接触新的音乐知识。全曲长26分钟，课堂上不能完整地进行欣赏，教师利用多媒体技术将主题片段生动地展现在学生面前，激发了学生的学习兴趣。

学习目标

1. 基础知识

（1）能够分辨不同乐器的音色、形状。

（2）能够将《彼得与狼》中出现的主题音乐与角色对应起来。

2. 基本技能

（1）能够掌握不同乐器的演奏姿势。

（2）能够熟悉并哼唱主题旋律，能准确认识不同乐器。

（3）能对生活中听到的音乐中的乐器进行辨别。

（4）能体会到音乐可以具象化，塑造出我们生活中看得见、摸得着的事物。

3. 核心素养

（1）结合具体情境，初步认识乐器，了解乐器的音色、形状和演奏姿势等。

（2）在探索实际问题的过程中，理解每个角色的特点，并讨论与之相匹配的乐器。

（3）能听辨乐器音色并做出与之对应的演奏姿势及表现相应的角色形象。

4. 情感升华

（1）能在童话故事的学习探索中学习彼得不怕困难、沉着冷静的特质。

（2）培养沟通交流能力，切实体会探究学习的过程，获得探究的经验，提高研究学习能力。

评价方式

1. 针对学生的基础知识, 采用以教师为主体的提问方式并观察学生的反应。

2. 针对学生的基本技能, 师生互相讨论与角色形象相匹配的乐器。

3. 针对核心素养目标, 采取以学生为主体、展示学生成果的形式。

教学设计

◎教学环节

一、导入

教学活动

1. 学生首先明确自己的任务是在学校艺术节上表演情景剧《彼得与狼》。

2. 教师根据创设的情境导入驱动性问题, 简单说明后呈现评价标准, 组织学生学习讨论。

设计意图

搭建项目框架。

评价要点

过程性评价量表。

二、新课教授

教学活动

1. 在演出之前, 学生要对《彼得与狼》中的角色主题乐器进行了解, 并讨论发表自己的观点。

2. 教师引导学生认真观察乐器形状及演奏姿势, 认真听辨不同乐器的音色并讨论感受。

3. 学生就驱动性问题"如何结合故事角

设计意图

1. 初步认识乐器形状、音色及演奏姿势。

2. 探究《彼得与狼》中角色的性格与哪种乐器相匹配。

3. 对《彼得与狼》中出现的乐器的音色和塑造的音乐形象有更深入的了解。

色形象，选出与之相匹配的乐器？"进行
讨论：

（1）播放《彼得与狼》动画片角色主题
音乐片段。（关闭原声）

（2）引导学生分析人物形象。

4. 学生将讨论结果与音乐原声中出现的乐器进行比较，并深入思考：

（1）为什么原乐曲要用这种乐器？

（2）这种乐器的声音塑造了一个什么样的音乐形象？

5. 教师播放《彼得与狼》角色主题音乐原声的片段，并引导学生比较学习，深入理解音乐和音乐塑造的形象。

> **评价要点**
> 过程性评价量表。

三、拓展部分

教学活动

学生分成两组：一组根据听到的主题旋律乐器做出演奏姿势，另一组根据听到的角色主题旋律做出对应的角色动作。

> **设计意图**
> 完整地听《彼得与狼》，并在角色主题音乐出现处迅速作出反应，进行情境表演。
>
> **评价要点**
> 最后呈现结果。

四、小结

教学活动

学生主动表达自己在任务学习中的想法与感悟。

> **设计意图**
> 学生思考在课堂上的收获。

◎作业设计

- -

测验题目：

1.《彼得与狼》中小鸟的主题音乐是由哪种乐器演奏的？它的演奏姿势是什么样的？请你模仿出来。

2.《彼得与狼》中（　　　）演奏出了鸭子（　　　）的模样。

3.《彼得与狼》中彼得的性格特点是什么？他的主题音乐带给你怎样的感受？

教学反思

在教学《彼得与狼》这课时，从一开始教师就引导学生注意感受乐器的音色特点和乐器演奏的技巧。学生们都竖起耳朵仔细听，并且轻声地哼唱每种乐器所演奏的主旋律。当这种乐器的音色再出现时，学生能很快答出是什么乐器及该乐器代表的人物形象。教师同时将情感教育渗透到音乐活动中。如在听故事、说故事环节，教师设疑，学生想象情境，并带着主观情绪体会音乐形象，在不知不觉中感悟"真善美"。所以本节课学生的学习热情很高，也加深了对音乐形象的理解。

很多人包括很多音乐教师，总感觉交响乐是古典的、严肃的音乐，对此敬而远之。如果我们把交响乐当作游戏音乐，当作我们身边的朋友，然后自然而然地把它带进学生的音乐生活中，更会给学生以自然、亲切的感觉。随着年龄的增长，学生会逐渐领悟其深刻的好处与唯美的表现力。

五年级《穿越森林》

◇课型 | 综合课　◇教材 | 校本教材　◇授课教师 | 王红

目标确立依据

◎教学分析

1. 本节课授课内容属校本教材，根据五年级学生的年龄特征与心理特征，通过舞蹈教育思想，培养学生的舞蹈审美能力与创造力。

2. 增强内容与育人目标的联系，《穿越森林》建立了新旧知识之间的桥梁，帮助学生了解知识间的联系。

3. 通过理论与实践相结合，学生不断体验和感受音乐的旋律、节奏及速度变化，培养学生的审美感知、艺术表现、创意实践、文化理解能力。

4. 对学生进行情感教育熏陶，有助于学生发现美、感知美，丰富审美体验，提升审美情趣。

5. 学生在自主创编的过程中发展创新思维、丰富想象力，了解不同国家、不同地区、不同民族、不同文化，学会理解和包容。

◎教材分析

《穿越森林》主要通过梳理舞蹈教学知识脉络，帮助学生建立知识链；灵活利用卡片帮助学生记忆与思考，激发学生的学习兴趣；引入舞蹈与音乐相融合、新旧舞步相关联的知识，进一步夯实学生的舞蹈基本功与感知音乐的能力。在音乐的节奏变化下，通过肢体动作与音乐的融合，愉悦学生身心，提升学生的基础艺术素养。

◎学情分析

通过对所学内容的巩固，学生已初步了解所有舞步规律，且有一定的舞蹈基本功，并对音乐节奏、歌词、旋律有一定的了解，可以为本学期教学内容提供基本的学习基础与经验。

学生在学习过程中，往往容易忽略舞蹈细节，每一个舞步均由从脚背、膝盖、胯位、腰腹、手位、头部动作到眼神等各细节构成，在教学中，教师可以通过游戏、故事、形象比喻、视频赏析帮助学生加深对关键细节的理解，激发学生的学习兴趣，帮助学生既有效又有趣地训练。

学习目标

1. 基础知识

学生能了解、梳理已学知识并构建新知识脉络。

2. 基本技能

学生通过温习已学舞步，不断提高身体灵活度并掌握已学舞步与新舞步的相关性。

3. 核心素养

（1）学生能够在听觉活动中，充分感知音乐情绪。在体验音乐节奏与肢体动作结合的过程中，理解音乐气氛与歌词的内涵，把握音乐的主题思想，提高审美感知能力。

（2）学生在音乐中激发参与热情和兴趣，丰富自身情感，在创编活动中，发挥想象力和创造力，培养自信心和成就感，增强艺术表现力。

（3）了解音乐与舞蹈创作的技巧，加深对音乐的理解和思考。

4. 情感升华

学生在欢快的音乐节奏中愉悦身心，增进与同学的互动与交流，进一步增强团队凝聚力。

评价标准

1.学生在教师示范及PPT展示学习过程中，深入了解舞步之间的联系并建立知识脉络。

2.学生在温故知新的练习与模仿中，提高身体的灵活性、协调性，熟悉动作间的相关性，灵活变化并运用。

3.学生在鲜明的音乐节奏下，不断用肢体去体会音乐节奏与旋律的变化，提高创造力与艺术表现力。

4.通过分组的排练创编形式，学生的互动、交流、合作能力得到培养，团队协作能力有所体现。

教学设计

◎教学环节

一、组织教学

教学活动

1.课堂常规：整队、集合，并清点人数；师生问好，检查服装；安排见习生；强调队列要求。(要求：队伍整齐、态度认真)

2.**热身活动**：头部运动、肩关节运动、胸部运动、胯部运动、膝关节运动、踝关节运动、全身拉伸运动。(时间控制在5分钟左右)

设计意图

课前充分活动，有利于学生安全有效地学习新课内容，避免受伤。

设计点评

1.热身活动的音乐富有感染力。

2.热身活动设计偏难，可以偏童趣一些。

二、导入

教学活动

1. 照片导入（学生学习实景照片）。

2. 提问法导入（卡片）。

教师展示卡片与已学舞蹈知识，通过穿越森林的路线引发学生思考：每张卡片代表哪个舞蹈动作？它们之间有何相似点？

> **设计意图**
>
> 通过照片与卡片的引入，帮助学生提高学习专注力。学玩结合，目的是激发学生学习兴趣。
>
> **设计点评**
>
> 1. 导入细节处理不错，可以看出教者的细心、用心。
>
> 2. 新旧知识的衔接恰当、难度适宜。

三、新课教学

教学活动

1. 以萌兔穿越森林的路线为教学的故事情境：

（1）卡片1

钟表卡片——音乐时间值

（时间舞步的动作要领与节奏）

（2）卡片2

拔萝卜卡片——动作发力

（前后基本步的动作要领与节奏）

（3）卡片3

指南针卡片——舞蹈方位

（方形步基本舞步及节奏）

（4）卡片4

绳子卡片——舞蹈间的联系

> **设计意图**
>
> 通过卡片将学生带入萌兔穿越森林的故事情境中，每张卡片代表一个基本步，萌兔穿越完森林，即复习完所有基本步。最后通过分组练习、互相评价，帮助学生反复处理动作细节，进而强化舞蹈动作要领。

（连接知识点）

（5）卡片5

音符卡片——节奏变化处理

（各舞步间的节奏联系与节奏变化）

2.新舞步卡片：

（1）视频剪辑片段欣赏——动物跳舞。

（形象有趣）

（2）不同舞种对同一音乐的肢体表达。

（要求：分组练习、互相评价）

> **设计点评**
>
> 1.各种卡片的呈现，更加直观地阐述了舞蹈知识，可以帮助学生深入了解舞蹈动作要领。
>
> 2.学生在体验与感受舞蹈动作时，练习次数还可以适当增多。
>
> 3.多给学生机会创造、想象、实践，让学生自主感受、尝试，勇敢接受挑战。
>
> 4.阐述舞步间的相关性、节奏处理时，应鼓励学生多尝试、运用，加深对新舞步的理解。

四、拓展部分

教学活动

1.分组讨论、分组创编。

（将新舞步灵活运用、学以致用）

2.放松——拉伸放松、配合呼吸。

（要求：各组交流、认真放松）

> **设计意图**
>
> 巧妙连接新舞步知识，利用新旧知识的衔接，将新舞步放入自编组合中，讨论有哪些创编方式，鼓励学生大胆想象。
>
> **设计点评**
>
> 1.鼓励学生分组协作、创新、运用。
>
> 2.放松时可以言语提示。

◎作业设计

线上舞会（三选一）：

1. 已学舞蹈表演。

2. 已学舞蹈基本舞步运用与创编。

3. 自选熟悉或特长舞蹈表演。

◎板书设计

已学舞步→音乐节奏理解→肢体感受音乐旋律→新舞步

↓	↓	↓	↓
卡片1	速度	变化	与已学舞步对比
卡片2	快慢	创造	相关性、异同点
卡片3	轻重		肢体表达
卡片4	情绪		
卡片5			

教学反思

《穿越森林》是一节综合课，最重要的目标是串联所学内容，帮助学生巩固旧知，同时运用肢体不断体验音乐的旋律与节奏，将肢体与音乐融合，感受音乐的变化，并根据音乐进行创编，加深对音乐的理解。课前，笔者对舞蹈教材和教参进行了反复研读，准确把握本单元需要掌握的知识。本课授课年级是五年级，笔者又反复查阅了新课标中对五年级学生的各方面要求，并在此基础上进行备课。

亮点：

1. 五年级的学生已有一定的舞蹈基础，对舞蹈的理解逐渐加深。所以笔者在教学风格上，想让课堂的氛围活跃一些，同时制造一些亮点及趣味，让学生不会感觉乏味，尽可能拉近学生之间的距离，加强他们之间的互动、交流、协作，这样才能让他们觉得舞蹈创编是一件很有意义的事。

2. 笔者在舞蹈的艺术鉴赏上也下了功夫，从 PPT 的排版及动作选取，到音乐旋律变化，再到卡片设计、道具使用等，潜移默化地让学生自主感受、体验舞蹈的美，让学生内心想表达的内容或情绪得以自由释放。

3. 学生能在课堂上勇敢地发表自己的观点。通过不断变化音乐节奏，学生不断用肢体动作感受音乐变化带来的挑战，真正做到学以致用。

不足：

1. 对于舞蹈创编的专业知识，笔者还需要不断学习。如何使舞蹈创编与表现更加贴合，是笔者今后继续努力的方向。

2. 要为学生提供更多表现、表演的机会与平台，更要考虑如何为不敢自信表演的学生另辟蹊径，让不同个性的学生均得到发展。

四年级上册"用气球驱动小车"

◇课型 | 实验课　　◇教材 | 教科版　　◇授课教师 | 杜佳鑫

目标确立依据

◎教学分析

　　生活中,各种机动车都是用动力驱使车轮转动前进的。气球是学生所熟悉的物品,很多学生有这样的经历,把气球吹足气再松开口部,气球会飞走。但是, 他们可能没有仔细思考过气球运动的方向和喷出气体的方向有怎样的关系。本课设计了两个活动:第一个活动是感受气球喷气时所产生的力和气球的推力,体会喷气的方向和气球运动的方向, 并试着做出解释;第二个活动是用气球驱动小车,组装一个气球动力小车, 测量气球动力小车能行驶多远,并思考用什么办法能使小车行驶得更远, 进一步认识运动和力的关系。同时,引导学生在活动中思考气球喷气为什么能推动小车运动, 以及小车行驶得更远的原因。围绕本单元"运动和力"的核心概念,指导学生将本课内容与上一课建立的概念联结起来, 把实验现象转化为证据,并通过对实验现象的理性思考进一步建构"力可以改变物体的运动状态"的理解。

◎教材分析

　　"用气球驱动小车"是教科版科学四年级上册第三单元"运动和力"中的第2课,本课主要有两个活动,分别是"气球驱动小车"和"对小车运动的思考",教材编写思路清晰,从玩气球导入, 到动手实践操作, 再到归纳总结,符合构建理论和儿童认知特点, 能增加学生对反冲力和反冲力运动的感性认识, 促使学生进一步深化对科学概念的理解。

◎学情分析

本课是关于小车的驱动问题，学生在实际生活中玩过气球，也玩过小车，知道吹足了气以后突然松手，气球会向相反的方向运动。在此基础上，提出气球为什么能推动小车的问题，可以引起学生思考，激发其学习兴趣。还有生活中常见的划船、游泳等，学生会联想到是凭借一股相反的力，才使小船和游泳者不断前进。

学习目标

1. 基础知识

学生能认识到气球里的气体喷出时，会产生一个与喷出方向相反的推力，这个力叫反冲力。

2. 基本技能

学生能自主组装气球动力小车和研究小车的反冲运动。

3. 核心素养

（1）科学观念：学生能够理解什么是反冲力，反冲力大小与哪些因素有关。

（2）科学思维：学生通过探究实验能从科学的视角理解反冲力的概念，在活动中经过反复尝试探究小车运动快慢与哪些因素有关。

（3）探究实践：学生通过参与像火箭一样发射气球、用气球驱动小车、如何使小车运动得更远等活动，亲历动手实践、观察思考、推理论证的过程，经过充分研讨，获得科学思维发展的支架。

（4）态度责任：通过实验探究活动发展学生进一步研究"运动和力"的兴趣，帮助学生意识到要把实验现象转化为支持观点的证据，并在活动中逐渐认识到合作的重要性，培养严谨的科学态度。

4. 情感升华

学生体验合作的重要性并形成不怕困难的积极态度。

评价方式

1. 学生通过讨论、板书演示、实验探究、分组画出反冲力等活动逐步理解反冲力，深入认识运动和力之间的关系。重点评价学生对基本概念和基本技能的理解过程以及探究实践操作过程。

2. 在课堂中逐步渗透分析、比较、分类、抽象、类比等思维方式，培养学生的发散性思维和创造性思维。重点评价学生动手动脑"做"科学的兴趣、技能、思维水平和活动能力。

3. 通过设置小组实验、学生实验结果展示、学生讨论等环节让学生之间相互评价，既可以促进小组合作学习，又可以使每个学生看到他人的优势，反思自己在整个实验活动中的不足。

4. 在实验过程中，重点评价学生参与科学学习活动是否积极主动，是否持之以恒，是否实事求是，等等。

教学设计

◎教学环节

一、导入新课

教学活动

教师导入：

同学们，你们知道吗，2020年11月6日，我国在太原卫星发射中心用长征六号运载火箭，以"一箭十三星"的方式成功将13颗卫星送入预定轨道，这是我们科技强国又一个重要的举措，接下来我们一起来回顾一下火箭发射的精彩时刻，请同学们

设计意图

导入科技新闻，引导学生观察火箭发射过程，引发学生思考火箭升空的原因，从而引入本课课题。

评价要点

评论性评价和诱发性评价相结合，以引入国家航天事业为切入点，激发学生的学习热情与兴趣。

思考：火箭是靠什么升上太空的呢？

看来同学们平时积累了丰富的科学知识，那我们能不能像火箭一样驱动小车呢？这节课我们一起来探究如何像火箭一样驱动小车。

（板书课题）

二、实验探究一：像火箭一样发射气球

教学活动

1.教师提问：如何让气球像火箭一样升空？

2.学生讨论方法。

3.分组实验。

4.教师提问：气球是靠什么向上运动的呢？

5.师生讨论后进行小结，引出反冲力的概念。

设计意图

通过发射气球，学生亲身体验气球升空的过程，从而对气球升空的原因作出思考。

评价要点

过程性评价和诱发性评价相结合，重点评价学生动手动脑"做"科学的兴趣、技能、思维水平和活动能力。

三、实验探究二：用气球驱动小车

教学活动

1.教师提问：火箭和气球都是靠反冲力升空，那我们能不能利用气球的反冲力像火箭那样驱动小车呢？请同学们想一想怎么做。

2.学生进行示范操作，教师提问：这名同学让小车动起来了，但行驶得不是很远。今天老师要请同学们挑战——采用什么方法可以让你的气球动力小车行驶得更远？先看老师准备的几种材料，请观察：

设计意图

通过讨论实验方法、进行实验结果预测、分组实验、实验结果分享等，学生逐步认识到小车行驶得更远与哪些因素相关。

评价要点

成果性评价和过程性评价相结合，重点培养学生的科学思维、科学实验的能力。

它们有什么不同？你觉得哪一种可以使小车行驶得更远？为什么？

3.学生预测可以使小车行驶得更远的方法。

4.教师进行实验注意事项讲解。

5.学生分组实验、记录数据，教师巡视。

6.学生分享数据，讨论可以使小车行驶得更远的方法。

7.师生进行总结：充气越多，喷管越粗，产生的反冲力越大，小车行驶得越远。

8.教师引导：知道了如何让小车行驶得更远之后，接下来我们来比拼哪组的小车行驶得最快。

9.各组进行比赛。

四、课堂小结，拓展延伸

教学活动

1.总结：通过这节课的学习，你有什么收获？

2.课后延展：利用今天所学知识制作更多利用反冲力的小发明，可以带到学校来展示。

设计意图

通过课后制作更多利用反冲力的小发明，进一步加深学生对反冲力的理解。

评价要点

评价学生对本节课内容的掌握程度，使本节课学习的内容得到进一步总结与升华。

◎作业设计

一、基础作业

1.气球里的气体喷出时，会产生一个和喷出方向相反的推力，这个力叫_____。

2.气球越大，小车运动的距离越_____；气球越小，小车运动的距离越_____。

设计意图

基础知识为主，检测学生所学知识，达到"会"的目的。

3.反冲力使小车运动，对静止的小车施加一个反冲力，小车会向与施加的力_____（填"相反"或"相同"）方向运动。

二、选做作业

小明想制作一辆行驶距离较长的小赛车。他想要利用气球喷气产生的力来驱动小车前进（如下图）。

喷管

> **设计意图**
>
> 能够体现知识关联的题目，重点培养学生技能，达到融会贯通的目的。

1.气球喷气时，会产生一个与喷气方向相反的推力，这个力称为_____。

2.下面是小明组里其他同学提出的想法，请你判断他们的说法是否正确。正确的画"√"，错误的画"×"。

（1）气球小车会向左滑行。（   ）

（2）气球小车会向右滑行。（   ）

（3）气球小车是靠里面空气的反冲力运动的。（   ）

（4）气球小车是靠里面空气的重力运动的。（   ）

3.为了让气球小车行驶得更远，你会给小明提出什么样的建议？

三、挑战作业

根据所学知识制作利用反冲力的小发明。

> **设计意图**
>
> 学以致用，所选材料不限，充分发挥学生的想象力制作利用反冲力的小发明。学生充分认识到反冲力在生活中的各类应用。

◎板书设计

3.2　用气球驱动小车

1. 反冲力

产生向前的反冲力
推动气球向前运动
向后喷气

2. 怎样改进可以使小车行驶得更远？大气球、安装多个气球……

教学反思

　　课堂教学从发射"火箭气球"开始，到动手实践操作，再到归纳总结，学生不但可以增加对反冲力和反冲运动的感性认识，还可以进一步加深对"运动和力"的理解。

　　课堂伊始，笔者通过让学生们观看火箭发射的视频，激发学生的好奇心和学习兴趣，并适时地进行爱国主义教育。接下来，笔者通过让学生们发射"火箭气球"，观察气球的运动，引出反冲力。这些贴近生活的活动充分调动了学生的原有知识，在学生已有的知识经验基础上帮助学生通过活动构建科学知识，同时也为本节课的研究活动做好铺垫。

　　引出"反冲力"的概念后，笔者对如何利用气球驱动小车进行了拓展，先让学生自己想办法，学生也提出了不少好方法。这堂课最关键、最精彩的部分就是"用气球驱动小车"，在这个环节，笔者先让学生通过观察对比不同实验材料预测哪一种会使小车行驶得更远，接下来学生组装小车的过程比较顺利，探究的欲望也很强烈。为了更好地研究小车的运动，笔者在教室里提前设置了多条赛道，学生组内协作顺畅，顺利完成了实验。接下来根据学生实际测得的数据，全班学生一起来分析可以采用什么方法使小车行驶得更远。探究结束后，笔者又设置了比赛环节，看看哪个组的小车能行驶得更远。这节课以活动探究为主，课堂气氛活跃，充分培养了学生的团队合作能力、科学探究精神。

　　这节课的前期准备花了很多工夫，从赛道的设置到实验材料的尝试和改造，这才使这节课的活动能顺利完成。在这个活动过程中，笔者深深体会到要不断学习新的教育教学方法，并在实际教学中不断去实践探索，才能争取更大的进步，在教育教学中才能做到游刃有余。

四年级"你问'我'答"

◇课型 | 原理体验课　　◇教材 | 中央电教馆编教材　　◇授课教师 | 罗红侠

目标确立依据

◎教材分析

　　"你问'我'答——让小飞回答你的问题"选自中央电化教育馆编的人工智能教材。在前面的学习中，学生已了解了语音识别、语音合成和自然语言处理技术的基本概念。

　　本课的教学重点是利用自然语言向机器人提问，机器人能够理解我们的问题，并用自然语言进行回答；通过实验了解人机对话的原理和工作过程，进而编程实现小飞根据问答卡或人机对话回答问题的功能。

　　本课将引导学生把机器人和人的理解与思考过程进行对比，学习如何使用自然语言处理技术，通过编程使小飞具备理解问题的能力。

◎学情分析

　　本课的教学对象是四年级学生，他们刚刚接触人工智能课程，学习兴趣非常浓厚。四年级的学生思维敏捷，自主意识较强，乐于动手实践。所以在课程设计中教师更注重学生的参与感，通过任务式活动，引导学生深度参与探究思考，培养创新思维。

学习目标

1. 知识与技能

（1）了解机器理解、思考的过程。

（2）理解问答系统的工作原理。

（3）掌握"听到人机对话问题"和"听到问答卡问题"编程模块的使用方法，编程实现小飞回答问题的功能。

（4）了解问答系统在生活中的应用，激发对问答系统的学习兴趣。

2. 过程与方法

（1）通过人与机器的对比体验，初步了解机器理解、思考的过程，提高深度思考的能力。

（2）通过类比人的理解与思考过程，理解问答系统的工作原理，提高创新思维的能力。

（3）通过编程创作，提高对人机对话的综合应用水平和创作能力。

3. 情感态度与价值观

（1）通过对人机对话的综合应用，培养自主探索和自主学习的意识。

（2）在成果展示的过程中，培养倾听的习惯和正确的审美观，感受自我欣赏和被欣赏的快乐。

学习重难点

1. 学习重点

（1）通过与人类比，理解问答系统的工作原理。

（2）会描述问答系统的实现方法。

（3）掌握"听到人机对话问题"和"听到问答卡问题"编程模块的使用方法，编程实现小飞回答问题的功能。

2. 学习难点

掌握"听到人机对话问题"和"听到问答卡问题"编程模块的使用方法，编程实现小飞回答问题的功能。

教学设计

◎ 教学环节

一、课前准备

1. 小飞机器人、平板电脑、学习单。

2. 课堂规则与要求：

（1）上课前先清洁手。

（2）课堂中，每名同学注意坐姿；不随意离开座位；有问题请举手。

（3）小组任务，要分工明确，互相合作。

（4）明白课堂指令，如：好，时间到——暂停活动，立即坐好；请开始讨论——小组内开始小声讨论；请开始操作——小组内开始按要求操作，有问题做好记录。

（5）展示环节，请提前组织好语言。

（6）课后，请整理并归位小组设备，小组长检查本组设备情况，并做好使用记录。

二、新课引入

教学活动

1. 课前讨论：在生活和学习中遇到问题时，你是怎么解决的呢？

2. 播放视频：今天我们请来了一个能帮助我们解决生活和学习中大部分问题的智能机器人，注意观察它有什么功能。

设计意图

通过播放视频，激发学生的学习兴趣，为接下来的学习活动做好铺垫。

3. 教师引导学生观察视频中的智能机器人都有哪些功能，提问"你是不是也想拥有一台这样的智能设备呢？"，从而引入本课的学习主题：你问"我"答——让小飞回答你的问题。

三、游戏互动

教学活动

1.同伴互动

以小组为单位，一名学生读问题，另一名学生回答，小组记录员把答案写在学习单上，观察同学是否正确回答了问题，并做好记录。（记录情况如图1）

设计意图

通过对比体验，引导学生认识到想要让机器人像人一样回答问题，必须让机器模拟人类的"理解"和"思考"能力才行，从而顺利引出后续活动。

问题	同学反馈的答案
你叫什么名字？	我叫×××。
3+5等于多少？	3+5等于8。
今天几号了？	今天是10月10日。
今天深圳的天气怎么样？	今天深圳的天气晴朗。
请背诵一首古诗。	答案不唯一。

图1

2.人机问答

以小组为单位，一名学生读问题，让能"听"会"说"的小飞回答，记录员把答案写在学习单上。（记录情况如图2）（教师提前发送体验程序至学生端畅言智AI中，引导学生与小飞进行互动体验）

问题	小飞反馈的答案
你叫什么名字？	你叫什么名字？
3+5等于多少？	3+5等于多少？
今天几号了？	今天几号了？
今天深圳的天气怎么样？	今天深圳的天气怎么样？
请背诵一首古诗。	请背诵一首古诗。

图2

根据人与机器的对比活动体验，引导学生思考：人和机器的反应为什么不同呢？

学生经过思考发现，人具有理解、思考的能力。能"听"会"说"的小飞无法像人一样回答问题是因为它还不具备理解、思考的智能。

四、学习问答系统的工作原理

教学活动

1. 教师组织学生展开交流与讨论：对照人理解并思考的过程，能否让机器模拟人类的"理解"和"思考"能力呢？

学生依据人理解、思考的过程推理机器的工作过程。（图3）

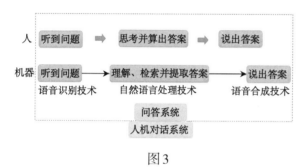

图3

> **设计意图**
>
> 通过模拟人理解、思考的过程，启发学生理解问答系统，再结合学生活动体验的经验讲解问答系统的概念，引导学生以"3+5等于多少？"为例，讨论并描述问答系统的简单原理。

问答系统：综合运用语音识别、自然语言处理、语音合成等技术，用户能以自然语言的形式提出问题，问答系统能以自然语言的形式回答用户。

2. 说一说：小飞"理解"和"思考"的能力具体是如何形成的呢？

学生思考，并进行连线。（图4）

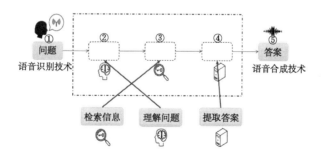

图4

3. 教师结合学生活动体验的经验，总结问答系统的概念，引导学生以"3+5等于多少?"为例，进行小组讨论，并尝试描述其原理。

（1）听到"3+5等于多少?"，系统先利用语音识别技术将这句话转换成文字。

（2）利用自然语言处理技术判断是求加法类型的问题，提取出关键字"3"和"5"。

（3）利用问题类型和提取的关键字，系统调用加法运算库，再用关键字"3"和"5"检索答案。

（4）依据问题的句子形式，从检索到的相关信息中提取出字词，利用自然语言处理技术组成一个完整的句子，即"3+5等于8"。

（5）利用语音合成技术把"3+5等于8"转换成语音，回答用户的问题。

五、编程实现小飞回答问题的功能

教学活动

1. 组织开展问答卡学习活动：编程实现小飞根据问答卡回答问题的功能。

（1）进行分工合作。

（2）明确任务要求。

（3）进行编程探究。

（4）分小组汇报，汇报要点包括任务完成情况和遇到的问题。

活动要求：以小组为单位，利用以下问答卡（图5），让小飞回答其中的任意两个问题，记录员记录小飞的答案。

问题	小飞反馈的答案	遇到的问题
你叫什么名字呢?		
3+5等于多少呀?		
今天几号了呢?		
今天深圳的天气怎么样呢?		
请背诵一首古诗吧。		

图5

2. 活动小结：

（1）小飞只能回答问答卡上的问题，其他问题回答不了。

（2）问题的问法多样，小飞能更准确地找到答案。

3. 组织开展人机对话学习活动：编程实现小飞根据人机对话回答问题的功能。

（1）进行分工合作。

（2）明确任务要求。

（3）进行编程探究

（4）分小组汇报，汇报要点包括任务完成情况和遇到的问题。

活动要求：以小组为单位，利用人机对话问题，让小飞回答图5中问题，记录员记录小飞的答案。

> **设计意图**
>
> 该环节设计基础和进阶编程任务，引导学生利用小飞机器人和平板电脑，编程实现小飞回答问题的功能，帮助学生运用问答系统相关编程模块，提升解决实际问题的能力。

教师课堂巡视，解决小组体验中存在的问题；组织学生分组汇报。

4. 活动小结：

人机对话问题的程序只能回答某一领域的一些问题，如游戏、儿童、生活、阅读、旅行和交通工具等。其他领域的问题暂时还无法回答，但是随着工程师让小飞不断学习，它将能回答各种各样的问题。

六、拓展评价

教学活动

1. 学生联系生活实际回答：在生活中问答系统还有哪些应用呢？

（智能音箱、智能导航、智能导购）

2. 观看视频《智能电话客服》，拓展了解问答系统的应用。

> **设计意图**
>
> 利用学习单，组织学生进行知识总结和学习评价，注重引导学生分享学习收获并反思。

3. 拓展：我们学校正在进行智能化管理和建设，你想利用问答系统为学校做些什么？

4. 结合学习单进行本节课内容的总结与评价，并分享学习心得。

◎板书设计

◎评价设计

本课学习评价围绕知识与技能、过程与方法及情感态度与价值观三方面进行。通过测试、自评与教师评价的形式对重点知识、小组活动参与情况等方面进行评价。课堂评价设计见表1。

表1　课堂评价表

评价内容	评价选项（画"√"）	
小组分工明确，能够合作完成任务。	是	否
实现了让小飞会"说"的任务。	是	否
通过人与机器的对比体验，理解了问答系统的工作原理。	是	否
利用问答卡和人机对话，完成了让小飞回答问题的任务。	是	否
同伴遇到问题时，能够主动提供帮助。	是	否

教学反思

本节课主要是让学生学习利用自然语言向机器人提问，使机器人能够理解我们的问题，并用自然语言进行回答；通过实验了解人机对话的原理和工作过程，进而编程实现小飞根据问答卡或人机对话回答问题的功能。

创新之处：在导入环节，通过观看视频激发学生的学习兴趣，顺势引入课题。在游戏互动环节，通过对比人与机器的反馈结果，学生思考小飞没有反馈答案的原因。

小飞机器人为了实现"听"得懂、会"思考"，需要模拟人理解、思考的过程，学生由此推出人机问答系统的工作原理。在理解人机问答系统的工作原理之后，学生以小组为单位开始编程，自主尝试问答卡问题和人机对话问题，并总结体验过程中遇到的问题以及解决办法。同时，引导学生联系生活中具有类似功能的智能设备，为学校智能化管理和建设提出有效建议。

不足之处：在人机对话原理讲解中，应该多给学生一些讨论和思考的时间，让学生从人的思考过程自然过渡到机器的"思考"过程；在编程实现人机对话回答问题的环节，可以预留一些时间让学生对游戏、儿童、生活、阅读、旅行和交通工具等多个领域进行体验。

在日常教学中，教师要将创新能力与思维方式的培养融入各个环节，拓宽学生已有的知识面，拉近其与人工智能的距离。

五年级 "'say no'闯关大冒险"

◇课型 | 活动课　◇教材 | 苏教版　◇授课教师 | 王浩然

目标确立依据

◎教学分析

根据《中小学心理健康教育指导纲要（2012年修订）》的要求，小学中、高年级的心理健康教育需要培养学生善于与更多的同学交往，健全开朗、合群、乐学、自立的健康人格。如何拒绝是人际关系中的重要议题，同时，不懂拒绝的背后也反映了学生在自我发展方面的困惑与不坚定。因此，作为关系到人际交往与自我发展两大板块的特殊问题，学会拒绝有着重要的心理健康教育意义。

◎教材分析

本课程参考苏教版心理健康教育三年级上册第13课"学会说'不'"，并在此基础上丰富了课程案例与心理知识内容，新课程以"冒险""挑战"的形式对课程结构进行了重构与拓展。以下是对参考教材的分析：

"学会说'不'"是一节旨在培养学生拒绝能力和自我保护意识的心理健康课。本课通过两个教学活动、三个课程案例与最后的"知识苑"说理环节，引导学生了解拒绝的重要性，学习拒绝的技巧和方法，帮助学生建立健康的心理防御机制，提高自我保护能力。本节课很好地体现了教材编排的连续性和逻辑性，在整个教材中起着承上启下的过渡作用。

◎学情分析

五年级学生处于即将进入青春期的临界状态，自我发展与人际交往问题逐渐开始显现。拒绝问题看似是人际交往问题，但也与学生的自我发展密切相关，学习如何拒绝能够让学生坚定自我，从而在青春期更好地构建自我同一性。

学习目标

1. 基础知识

掌握合理拒绝的原则与"三明治拒绝法"的拒绝技巧。

2. 基本技能

熟练运用拒绝技巧，达成自身情绪状态的稳定与人际关系的和谐。

3. 核心素养

理解拒绝的重要性，学会拒绝的方法与技巧，在恰当的时机能够以恰当的方式拒绝他人的不合理要求。

4. 情感升华

体验面对不合理要求时的负面情绪，感受助人与自助的乐趣与成就感，感受合理拒绝时对自身生活的掌控感。

评价方式

1. 课堂提问：合理拒绝的原则是什么？"三明治拒绝法"的拒绝技巧是如何操作的？

2. 情境模拟与小组分享：请学生拿出课程学习卡，基于一些常见的拒绝场景，如推销、同学请求帮忙等，进行角色扮演，并使用课堂中学到的拒绝技巧完成情境练习。同学间交流分享经验。

3. 学生分享：在教学主要内容后，邀请学生分享自己对于拒绝这一主题的想法，谈谈自己在下次遇到需要拒绝的事情时，会怎样应对。

4. 情感分享：在观看《家有儿女》中夏雪拒绝他人的视频后，邀请学生分享经验与感受，重点谈谈自己成功拒绝和失败拒绝时的情绪体验，并通过"假设我能成功拒绝……"的想象引导学生进行对比与分享。

教学设计

◎教学环节

一、导入阶段

教学活动

【前往"say no"闯关大冒险】

1. 故事情境：小明不会拒绝别人，是一个出名的"老好人"。他每天都因为这个缺点而苦恼，因为不管他想不想做，只要

> **设计意图**
>
> 创设故事情境，引导学生进行角色扮演，沉浸式体验。

是别人拜托他的事情，他都会硬着头皮去完成，这使他每天都过得很不开心。过生日时，他对着生日蛋糕许愿：希望自己有一天能够学会拒绝别人。第二天，一个神秘的魔法师出现了，他对小明说，只要他前往"say no"闯关大冒险并闯过三关，魔法师就会施展魔法，帮助他学会勇敢地、合理地拒绝别人。

2. 选择：Yes or No。

3. 结果：小明毅然决然地选择了 Yes，前往了"say no"闯关大冒险。"我期待了无数天，终于等到了这个弥补缺点的机会。我一定不能放过。"

二、主题活动

教学活动

【第一关　拒绝的勇气】

1. 故事情境：小明一进入第一关，四周就浮现出曾经拜托他帮忙的人，他们现在仍在喋喋不休地提要求。"小明，帮我拿

> **设计意图**
>
> 看视频，在真实情境中学习，体验拒绝别人。

拿下快递。""小明，帮我倒下垃圾。""小明，可以拜托你帮我做一下作业吗？""小明，可以借我点钱吗？"

2. 衔接情境：小明吓得脸色发白，痛苦回忆都浮现出来，他甚至有点后悔参与挑战。这时，魔法师出现了，周围恢复了平静。魔法师让小明跟着拒绝导师小雪学习，然后再次挑战第一关。

3. 播放《家有儿女》中夏雪拒绝别人的片段：说"不"本来就不需要理由，我有权利拒绝别人。

4. 让学生扮演小明，询问感想：假如你是小明，对于拒绝别人，你曾经有什么顾虑？导师小雪教会了你什么？

5. 小明前去闯关，学生模拟闯关活动：小组内互相提刁钻的要求，然后练习说"不"，每个学生提要求与被提要求至少一次。

6. 询问学生拒绝别人时的感受。预期学生回答："不痛苦了。""可能甚至有点爽。"

7. 小结情境：学有所成的小明终于突破了第一关，魔法师出现了。"恭喜你鼓起勇气，拒绝了心中的幻象。"魔法师说，"说'不'是容易的，但我们都是善良的人，并不想因为拒绝而让别人受伤，所以我们要学会温和地、合理地说'不'。那么，让我们前往第二关吧。"

【第二关　拒绝的方法】

1. 故事情境：小明进入的第二关是出现在剧院的演出舞台上。他明白，他必须作为主演，合理地拒绝别人。演出一：作为小丽，拒绝小美要书签的请求。

> **设计意图**
> 体验式教学。

2. 提问：小明一听到请求，就强烈地拒绝，于是演砸了第一场戏。他的问题出在哪里？

拒绝原则一：拒绝应该对事不对人，不伤害对方的自尊心。

3. 小明痛定思痛，开始了演出二：作为小亮，拒绝小果借足球的请求。

4. 提问：有了上次失败的教训，小明这次十分拘谨，但还是演砸了。这次他的问题出在哪里？

拒绝原则二：拒绝应当明确，越是含含糊糊、模棱两可，越容易引起误解、破坏关系。

5. 小明再次思索了许久，开始了演出三：作为小丁，拒绝小赵借钱买零食的请求。

6. 提问：小明这次终于演出成功了，这反映了什么原则？

拒绝原则三：真心实意为他人的长远利益考虑，更不容易引起反感。

7. 小结情境：小明通过了挑战，魔法师恭喜小明掌握了"拒绝三原则"。剧场消失，小明面前放着一个宝箱。小明打开宝箱，里面蹦出了一本金色秘籍——"三明治拒绝法"。魔法师说："只懂得拒绝原则可不够，应把拒绝夹在两个正面内容之间，从而使被拒绝者愉快地接受拒绝。流程为：感谢邀请—表达拒绝—表达歉意。"

8. 引导学生掌握"三明治拒绝法"。

9. 衔接情境：魔法师出现，"好了，该去第三关打首领了。别忘了我教给你的技能哦。"

【第三关　拒绝心中魔】

1. 故事情境：小明一进入第三关，首领就出现了。它变幻成小明的朋友们，用各种请求疯狂地攻击小明。

> **设计意图**
> 实践训练。

2. 假如你是小明，尝试和敌人过过招吧。（提示：记得使用"三明治拒绝法"哦）

3. 请学生拿出课程学习卡，完成上面的情境练习，并让学生分享练习答案。

4. 衔接情境：小明打败了首领，回到了现实生活，魔法师出现在他的身边。

三、总结升华

教学活动

1. 小明问魔法师："我已经闯过全部关卡了，你什么时候可以兑现你的承诺，使用魔法让我能勇敢地、合理地拒绝别人？"魔法师说："你不是已经学会了拒绝别人吗？"

2. 结束语：小明已经学会了拒绝别人，那同学们学会了吗？

◎作业设计

作业名称：拒绝技巧大挑战

1. 观察并记录：请同学们在一个星期内，观察并记录身边的人和事，特别是那些觉得难以拒绝的情况。记录具体情况，包括人物、场景、请求或要求，以及自己当时的感受和反应。

2. 思考并反思：在观察并记录的基础上，反思自己在这些情况下的反应是否得当。思考拒绝的技巧和策略，以及更好的处理方式。

设计意图

增强学生对拒绝的认识和理解，帮助学生意识到拒绝是一种正常的、健康的表达方式。通过观察、思考和实践，学生掌握拒绝的技巧和策略，提高在面对不合理请求时的应对能力。通过反馈和分享，帮助学生了解自己的进步和成长，同时学会从其他同学的经历中获得更多的启示和帮助。

3. 实践并反馈：在接下来的一周内，尝试运用所学的拒绝技巧和策略，对类似情况作出不同的反应。请同学们在下次课堂上分享自己的实践经历，以及在实践过程中的感受、收获和困难。

◎板书设计

"say no"闯关大冒险

第一关　拒绝的勇气

第二关　拒绝的方法

第三关　拒绝心中魔

教学反思

1. "三明治拒绝法"讲解时间太少，学生没怎么练习就进入了答题实践，教学效果不好。可以适当减少前面的内容，重点讲解"三明治拒绝法"。

2. 板书不该生硬地排列教学流程名称，而应该写上学生需要记忆的重难点内容，如"三明治拒绝法"的实施流程。

七、八年级"酝酿挫折中的'珍珠'"

◇课型 | 心理活动课　　◇教材 | 初中心理辅导活动课教案　　◇授课教师 | 刘燕

目标确立依据

◎教学分析

- -

挫折是指挫败、困窘、失意，是一种普遍存在的心理现象，即当人们在追求既定目标的过程中遭遇种种干扰和障碍，致使需要不能得到满足、无法实现目标而产生的紧张状态与消极的情绪反应。

积极心理学认为，帮助青少年发展出应对挑战的能力和技术，能够使其在面对挫折和压力时学会缓冲，唤醒和发掘身上的韧性，促进其建构抗逆力，提升心理能量。

◎学情分析

- -

七、八年级的学生面临学习科目增多、学习难度增大的问题，加上进入青春期，各种情绪、压力也会接踵而至。生理发展和心理发展的不平衡导致他们在日常生活中遭遇更多的挫折。探索和发掘抗挫折资源，有助于他们更好地适应初中生活。

学习目标

1. 基础知识

认识到成长路上总会伴随挫折，接纳并积极面对是最好的办法。

2.基本技能

掌握应对抗挫折的资源、方法，提高抗挫折能力。

3.核心素养

培养应对挑战的能力和技术，能够在面对挫折和压力时学会缓冲，唤醒和发掘身上的韧性。

4.情感升华

激发战胜挫折的勇气和信心，以积极向上的心态投入学习和生活。

评价标准

1.学生基本认识到成长路上总会伴随挫折，面对挫折，接纳和积极面对是最好的办法。

2.学生较好地掌握应对抗挫折的资源、方法，提高抗挫折能力。

3.学生应对挑战的能力和技术得到提升，能够在面对挫折和压力时学会缓冲，唤醒和发掘身上的韧性。

4.学生增强战胜挫折的勇气和信心，以积极向上的心态投入学习和生活。

教学设计

◎**教学环节**

一、导入阶段——心灵启迪

教学活动

1.先呈现"一粒沙"的故事，然后请同学们续说故事。

2.故事完毕后，引导学生思考："沙砾""珍珠"代表什么？

3.引出"酝酿挫折中的'珍珠'"这一主题。

设计意图

用短片《沙砾在蛤蚌体内变成珍珠》展示珍珠形成的过程，引导学生思考"沙砾""珍珠"的寓意，引出主题。

二、展开阶段——心路历程

教学活动

1.回想生活或学习过程中，最近一次遇到的"沙砾"是什么？在第一个格子把它写出来或者画出来，并在旁边写下当时的心理感受。

> **设计意图**
>
> 深入主题，激发学生的挫折情绪体验。分享积极抗挫折体验。

2.你是如何面对、处理的呢？请把当时的处理方式写在第二个格子里。

3.当时的处理方式有没有把"沙砾"变成"珍珠"？如果成功了，请圈出你认为帮助"沙砾"转变成"珍珠"的积极方法。

4.学生分享。

三、深入阶段——心语心愿

教学活动

1.不管有没有转变，请同学们在第三个格子里画一颗珍珠，画成你想象中最美的样子。看着这颗珍珠，体会挫折已经过去，困难已经解决，是怎样的心情和感受，并把它写在格子里。

> **设计意图**
>
> 激发学生的抗挫折情绪，启发学生走出消极的认知。

2.学生分享。

四、升华阶段——心海导航

教学活动

1.为了把"沙砾"变成"珍珠"，我们还可以运用哪些资源和方法？在第四个格子里探索你的"抗挫折资源圈"。

2. 当你遇到压力或挫折的时候，你可以利用哪些资源摆脱困境呢？这些资源可以是你自身拥有的品质、擅长做的事情，也可以是你能够求助的人。

3. 教师指导语引导。

4. 思考：当你审视自己的资源圈的时候，你内心有什么样的感受？你还有哪些拓展"抗挫折资源"的方法？你写下的所有资源中，最能掌握的"抗挫折资源"是什么？

5. 学生分享。

设计意图

引导学生思考不同应对方法和态度对挫折的影响，侧重方法的实际运用，探索抗挫折的有效资源。

五、结束阶段——心之所向

教学活动

积极探索、合理利用"抗挫折资源"，将挫折变成成长路上的一笔财富，酝酿出一颗颗璀璨的珍珠。

设计意图

鼓励学生勇敢面对挫折，认识挫折的积极面。

◎作业设计

酝酿挫折中的"珍珠"学习单

最近一次遇到的"沙砾"	你是如何处理这颗"沙砾"的
1	2
画"珍珠"	探索"抗挫折资源圈"
3	4

对于"探索'抗挫折资源圈'"单元格:

资源可以是自身拥有的品质、擅长的事情,也可以是能求助的人。填写时要具体化

◎板书设计

酝酿挫折中的"珍珠"

偶遇"沙砾"　　　　打磨"沙砾"

绘制"珍珠"　　　　酝酿"珍珠"

教学反思

由观看视频的"动"到"心路历程"的"静"，教师要注意言语上的引导，以轻音乐为背景，语速要舒缓，将学生引入自我思考。对学生回答出的不同答案，教师要给予及时的回应，有些可以加以发掘。

小组分享时不要急于关注具体事件，而是要先关注每个人对待挫折的不同方式和态度，着重分享学生的积极抗挫折体验，避免学生谈及挫折引发的消极防御机制，启发学生思考如何更好地酝酿那颗属于自己的"珍珠"。教师在这个环节可以说自己的抗挫折故事。

七年级上册"爱在家人间"

◇课型｜活动课　　◇教材｜统编版　　◇授课教师｜林滨娟

目标确立依据

◎课标分析

《义务教育道德与法治课程标准（2022年版）》提出，要让学生在"我与他人和集体"中学会与父母平等沟通，调适逆反心理。

逻辑结构：本课由"家的意味""爱在家人间""让家更美好"三部分内容组成。第一部分"家的意味"，阐释家的内涵和价值意义，引出中国家庭文化中的"孝"这一精神内涵；第二部分"爱在家人间"，重点分析子女和父母之间的沟通与交流；第三部分"让家更美好"，在介绍现代家庭特点的基础之上，提出共建和谐家庭的方法。三部分立意深刻、脉络清晰、逻辑严密。

◎学情分析

父母与初中生子女关系紧张的现象已经成为普遍的社会问题。父母常常为孩子不肯接受自己的教育而担心，中学生也往往为自己不能与父母建立良好的关系而苦恼，中学生与父母的关系既亲密又复杂，探讨其发展规律和解决路径对双方的协调具有重要意义。在不断扩展的社会生活中，学会逐步与各种各样的人打交道，培养与父母的沟通与交往能力，是中学生必须面对的实际问题，有助于提高他们的社会适应性。

学习目标

知识目标：了解自己与家人产生矛盾的原因，懂得亲子冲突需要通过双方互动沟通来解决。

能力目标：掌握与父母沟通的技巧，正确对待和化解亲子冲突，提高调适逆反心理的能力。

情感态度与价值观：能在体味亲情的过程中感受亲情之爱，认同"沟通传递爱"的情感价值观。

学习重难点

1. 学习重点：体味亲情之爱。
2. 学习难点：能以恰当的方式化解与父母的冲突。

教学设计

◎教学环节

一、导入

教学活动

观影并回答：《你好，李焕英》和《我和我的父辈》，这两部影片共同传递了什么情感？

> **设计意图**
> 以热门影片激发学生的兴趣，顺利导入新课。
>
> **评价要点**
> 亲情/对父母的爱。

二、爱的模样

教学活动

1. 展示材料：

（1）孩子放学回到家，父母常说的一句话。

> **设计意图**
> 通过与父母的日常对话说明每个家庭的亲情表现各不相同。

（2）得知孩子受到表扬时，父母通常会说的话。

（3）孩子感冒发烧时，父母的表现。

（4）孩子考试"考砸"了，父母的态度。

2. 教师小结：每个家庭的亲情表现各不相同，但不能否认它们都是基于爱。

> **评价要点**
>
> 各抒己见，表达父母面对这些事情时的真实反应。

三、爱的碰撞

教学活动

1. 教师播放情景剧《家有儿女》片段，并组织小组讨论：

（1）夏雪和父母发生冲突的根本原因是什么？

（2）你有过类似的亲子冲突吗？你是如何解决的？将化解方法写在卡纸上并汇总。

（学生小组讨论与分享）

2. 教师小结：亲子冲突的原因（自身矛盾心理、自我意识增强、代际差异）。

> **设计意图**
>
> 教师通过播放情景剧片段，增强课堂内容的趣味性，引起学生的共鸣，便于讨论和交流。
>
> **评价要点**
>
> 对情景剧表示有同感，与小组成员讨论总结。

四、爱的呵护

教学活动

1. 小组讨论与展示：将讨论结果展示在黑板上。

2. 教师小结和父母沟通的技巧：关注事实，把握时机，留意态度，选择方式，考虑环境……

3. 情境设置：我给夏雪支支招儿。

> **设计意图**
>
> 学生能够学以致用，在课堂上有看得见的改变。
>
> **评价要点**
>
> 针对两幕情境提出具体的解决方法。

4.问题：请任选一个情境，说说夏雪应该怎么办。

5.教师小结：沟通传递爱。

五、升华

教学活动

播放照片与声频：孩子有没有做过一些让你感动的事情？

> **设计意图**
> 通过父母表扬孩子，增进亲子感情。
>
> **评价要点**
> 内心有所触动。

◎作业设计

父母有没有做过一些让你感动的事情？给父母写一封信，表达你的爱。

> **设计意图**
> 践行沟通之道，呵护亲情之爱。

教学反思

亮点：落实素养导向的教学理念，引导学生关注和解决亲子关系中的实际问题，注重情感态度与价值观教育。

不足：（1）从活动到学科知识的过渡不够自然。（2）素材准备考虑不周。前期剧本创作考虑不周，导致情景剧与问题设置吻合度不够高，学生分析亲子冲突的原因时比较困难。家长在声频表达上有些不够自然，但为了照顾个别学生的感受没有删除，可能影响整体效果。（3）亲子冲突是比较复杂的社会问题，一节课很难讲透。

改进：（1）备课时需要高瞻远瞩，考虑可操作性。（2）发现素材不当时要及时取舍。（3）平时多关注学生亲子问题，长期跟进。

八年级下册
"谁是最可爱的人——抗美援朝"

◇课型｜新授课　◇教材｜统编版　◇授课教师｜王雪

目标确立依据

◎课标分析

【单元课标解读】

本单元属于中国现代史第一个单元，以"中华人民共和国的成立和巩固"为专题。中华人民共和国成立初期，中国共产党领导开展土地改革运动、镇压反革命运动，进行抗美援朝战争，巩固了人民民主专政的国家政权，恢复了遭受多年战乱破坏的国民经济。

【本课课标解读】

1. 内容要求：知道抗美援朝，理解其对巩固人民民主政权的意义。

2. 学业要求：了解中国现代史发展的时间线和重要事件、人物、现象，能够搜集、分析重要的历史文献资料。

3. 教学提示：因中国现代史教学承载着革命文化教育、国家安全教育等方面的任务，教师在教学过程中要特别注意寓论断于叙事，将相关理念和内容有机地融入历史过程的讲述；搜集、整理英雄事迹和劳动模范的史料，为社会主义建设英模立传，叙述他们的嘉言懿行和精神风貌；搜集、整理抗美援朝精神史料，进行宣传和交流。

◎教材分析

1. 从大单元教学的角度分析：本单元为统编版历史八年级下册中国现代史的第一个单元，以"中华人民共和国的成立和巩固"为专题。本单元内容的时间界限为1949—1953年，主要包括三部分内容：中华人民共和国成立、抗美援朝、土地改革。从中国现代史的发展阶段来看，本单元内容为进行社会主义制度的建立与社会主义建设的探索、进行改革开放、走中国特色社会主义道路、开创中国特色社会主义新时代的历程，起到铺垫性作用。

2. 从单元课时结构的角度分析：本课承接第一课"中华人民共和国成立"，下启第三课"土地改革"，这三课都是在新中国成立初期，从政治、军事、经济三个方面巩固政权的措施。本课属于军事方面巩固人民政权的措施。

3. 从本课时内容的角度分析：本课内容讲述因朝鲜内战爆发，中国人民志愿军开赴朝鲜战场与朝鲜军民并肩作战，展现了志愿军的英勇战斗事迹和杰出的战斗英雄的故事。在本课中，两个标题在逻辑上呈递进关系。第一个标题"抗美援朝，保家卫国"概述抗美援朝战争的背景；第二个标题"战斗英雄黄继光和邱少云"，叙述该战争中的代表人物事迹，重点阐述抗美援朝精神与抗美援朝战争的意义。

4. 本课重点：通过黄继光、邱少云等英雄人物的事迹，体会志愿军战士高度的爱国主义精神、革命英雄主义精神和国际主义精神。

5. 本课难点：理解中国人民志愿军抗美援朝的必要性，知道抗美援朝是中国人民保家卫国、支援朝鲜人民的反侵略的正义战争，从而理解抗美援朝精神的内涵。

◎学情分析

1. 授课对象心理分析：八年级学生思维比较活跃，合作意识强，因此，教师采取多样化教学方式并运用丰富的课程资源，对调动学生的积极性尤为重要。

2. 认知水平分析：八年级学生已经具备一定的搜集、筛选史料和形成独立观点的能力，但其思维深度、广度需要进一步拓展。因此，教师在整理相关史料时应巧妙设计问题、多角度引导探究，帮助学生厘清线索。

3. 知识背景分析：通过课前预习、搜集和查找资料，学生比较容易厘清抗美援朝的基本史实，但对历史事件发生的国际形势和国内形势，缺乏横向和纵向的联系；由于时空的不同，如何立足当下，结合学生的生活经验，选取贴近社会、贴近生活、贴近学生的情境素材，引导学生感同身受地理解家国观念而不是单向地灌输，这是本课要突破的一个难点。

学习目标

1. 基础知识

认识抗美援朝、保家卫国的正义性；体会中国人民志愿军战士的爱国主义精神、革命英雄主义精神和国际主义精神，理解他们不愧为"最可爱的人"。

2. 基本技能

观看相关视频，研读图片、文献等多种材料，了解获取历史信息的多种渠道，增强提取历史信息的能力；初步掌握解释历史问题的方法。

3. 核心素养

时空观念：能够将抗美援朝定位在特定的时间和空间框架下，利用历史年表、历史地图等对抗美援朝的原因、过程加以描述；能够理解空间和环境因素对认识历史与现实的重要性。

史料实证：通过对抗美援朝相关文献、实物、口述史料的研究和解读，尝试从多种渠道获取信息，理解抗美援朝的背景、意义，了解志愿军英雄的事迹和伟大精神。

历史解释：能够选择、组织和运用相关材料对抗美援朝的目的、意义作出自己的解释，能够在历史叙述中将史实描述与历史解释结合起来。

家国情怀：感受伟大的抗美援朝精神，培养不屈不挠的民族精神和深厚的爱国主义情怀。

唯物史观：通过将抗美援朝与当今社会现实问题进行对比联系，能够认识到人民力量的伟大。

4. 情感升华

培养振兴中华的历史使命感和责任感，弘扬以爱国主义为核心的民族精神；能够将学习历史所得与家乡、民族和国家的发展结合起来，立志为实现中华民族伟大复兴做出自己的贡献。

评价标准

1.学生通过分析史料，认识抗美援朝、保家卫国的正义性；通过"故事分享会"体会抗美援朝精神的内涵，理解中国人民志愿军战士不愧为"最可爱的人"。

2.学生观看相关视频，研读图片、文献等多种材料，理解获取历史信息有多种渠道，提高提取历史信息的能力。

3.通过梳理时间线索、研读战争地图、分析讨论史料等环节，建立抗美援朝事件与国际格局之间的联系，理解抗美援朝对巩固新生的人民民主政权的作用及国际意义，归纳理解抗美援朝精神。

4.通过故事分享、联系现代社会的问题等环节，理解和弘扬以爱国主义为核心的民族精神。

教学设计

◎**教学环节**

一、导入：谁是最可爱的人

教学活动

1.问题导入：在大家心目中，谁是最可爱的人呢？不同的人会有不同的答案。

2.文学艺术作品中的"最可爱的人"

（1）展示文学作品：魏巍报告文学《谁是最可爱的人》中关于战士品质的描述。

（2）展示电影海报：电影《长津湖》《金刚川》中的战士形象。

3.教师总结：在20世纪50年代的特定历史时空，"最可爱的人"指中国人民志愿军战士。

设计意图

1.利用文学艺术作品中的人物形象，引发学生共鸣，激发兴趣。

2.利用文学艺术作品创设情境，将人物置于特定的历史时空中，引导学生从历史的角度去探求答案、追溯原因。引发学生思考："最可爱的人"是哪些人？为什么他们是"最可爱的人"？

评价要点

时空观念。

二、他们为了什么？——抗美援朝的背景

教学活动

1.国际形势：图片、文字史料研读

（1）冷战的形势。

（2）史料：金日成致毛泽东的求援电报。

2.国内形势：史料解读

（1）周恩来《抗美援朝，保卫和平》。

（2）沈志华《毛泽东、斯大林与朝鲜战争》。

（3）美国的侵略活动严重威胁中国安全。

3.地图分析：地图中的历史

（1）朝鲜半岛的地形、气候与战争。

（2）中国疆域与东北地区概况。

4.学生讨论活动

艰难的抉择：该不该出兵？

5.归纳总结

（1）抗美援朝的根本原因。

（2）抗美援朝的直接原因。

（3）抗美援朝的目的和性质。

> **设计意图**
>
> 1.提供地图与文献史料，引导学生关注国际背景下的朝鲜战争，理解朝鲜战争的必然性。
>
> 2.跨学科创设历史情境，引导学生从地理的角度出发，分析战争形势，突出保卫国家安全是中国抗美援朝的根本原因，便于学生理解抗美援朝保家卫国的正义性和志愿军战士即将面临的种种困难，凸显志愿军战士保家卫国的爱国主义精神。
>
> **评价要点**
>
> 时空观念、历史解释、史料实证、家国情怀。

三、他们做了什么？——抗美援朝的过程

1.欣赏歌曲视频——《中国人民志愿军战歌》

学生分享对歌曲旋律的感受和视频影像的感受。

> **设计意图**
>
> 1.通过《中国人民志愿军战歌》的旋律和视频中出援朝鲜的影像，感受中国人民志愿军保家卫国的决心和敢于克服困难的勇气。

2.学生自主梳理

用时间轴厘清战争阶段、过程和重大战役。

> 2.梳理战争过程，用时间轴的形式，了解历史发展的时间顺序和空间要素。
>
> **评价要点**
> 时空观念、家国情怀。

四、他们放弃了什么？——抗美援朝的精神内涵

1.学生分享英雄故事

（1）黄继光的故事。

（2）邱少云的故事。

2.教师补充史料

（1）黄继光写给母亲的信。

（2）"冰雕连"战士的绝笔书。

（3）老兵口述历史。

（4）志愿军战士遗骸归国视频。

3.教师引导学生思考、归纳

（1）他们为大家，舍小家，"回家"一词变成了他们永远的遗憾。

（2）归纳抗美援朝精神的内涵。

> **设计意图**
> 1.学生查找搜集志愿军英雄的相关资料，通过课前搜集资料，提升学生科学筛选、甄别、运用史料的能力；通过故事分享，学生切实体验、感受英雄人物的贡献，从中汲取精神力量。
> 2.通过补充史料，创设历史情境，体会为什么魏巍称中国人民志愿军战士为"最可爱的人"，感悟志愿军战士高度的爱国主义精神、革命英雄主义精神，深刻理解抗美援朝精神的内涵。
>
> **评价要点**
> 时空观念、史料实证、家国情怀。

五、他们得到了什么？——抗美援朝的结果和意义

1.史料分析：抗美援朝战争的结果和评价。

2.课堂讨论并总结：多角度理解抗美援朝的伟大意义。

> **设计意图**
> 通过史料分析，引导学生站在不同的时空立场认识历史事件，注重历史事件之间的横向和纵向联系。
>
> **评价要点**
> 史料实证、历史解释。

六、总结：致敬"最可爱的人"

教学活动

1. 资料解读：习近平总书记在纪念中国人民志愿军抗美援朝出国作战70周年大会上的重要讲话。

2. 图片展示：联系当今国内、国际形势等新问题，讲述新时代"最可爱的人"的故事。

3. 归纳总结：不同的时空背景，同样的爱国情怀；人民至上，人民的力量是无穷大的。

设计意图

1. 通过讲述当今时代"最可爱的人"的故事，感受平凡英雄孕育的伟大精神。

2. 引导学生感受不同时空背景下中国人民万众一心、同甘共苦的团结伟力，理解民族精神的历史价值和现实意义，形成对祖国的高度认同感、归属感、责任感和使命感。

评价要点

时空观念、家国情怀。

◎作业设计

1. 基础作业

（1）完成本课相关练习题。

（2）绘制本课思维导图。

要求：体现本课与本单元其他课时的联系，体现本课小标题之间的联系。

2. 创意作业（二选一）

（1）撰写观影报告。观看电影是学习历史的一种方式。请你选择一部与抗美援朝有关的电影，完成观影报告单，并进行课堂展示与研讨。

（2）海报设计——"抗美援朝英雄谱"。习近平总书记指出："一个有希望的民

设计意图

1. 对标新课标倡导的大单元、大概念教学的理念，引导学生在掌握基础知识的同时，研究本单元、本课、本课子目三个层次，建构单元和单课内容逻辑架构，尝试对历史知识进行更大范围的纵向和横向的整合，培养"大历史"的意识与格局。

2. 依据新课标"跨学科主题学习"板块中的建议，将抗美援朝这一历史事件和道德与法治（革命斗争中的领袖与英雄人物）、音乐（抗美援朝相关歌曲）、电影（抗美援朝相关电影）相结合，引导学生了解电影主创者对历史的理解和解释，发现和关注方方

族不能没有英雄，一个有前途的国家不能没有先锋。"在抗美援朝战争中，除了黄继光、邱少云等，中国人民志愿军中还有许多值得纪念的英雄。请你查找资料，挑选一位或几位抗美援朝战争中的英雄人物，绘制或者搜集打印他们的形象，制作海报"抗美援朝英雄谱"进行宣传，并结合他们的事迹和精神，写出他们上榜的理由。优秀海报将进行年级展示。

面面的历史细节，激发学生的学习兴趣，拓展学习的广度与深度，促进学生历史学习方式的转变。

3.依据新课标"项目式学习"与"跨学科主题学习"板块中的建议，将抗美援朝这一历史事件与绘画艺术、道德与法治（革命斗争中的领袖与英雄人物）相结合，激发学生的学习兴趣，促进学生历史学习方式的转变；同时发挥历史课"传承民族气节，崇尚英雄气概"的重要育人功能。

◎板书设计

谁是最可爱的人——抗美援朝

导入：谁是最可爱的人

环节一：他们为了什么？——抗美援朝的背景

环节二：他们做了什么？——抗美援朝的过程

环节三：他们放弃了什么？——抗美援朝的精神内涵

环节四：他们得到了什么？——抗美援朝的结果和意义

总结：致敬"最可爱的人"

教学反思

1.本课教学立意的确定：感受人民的力量，致敬"最可爱的人"。

从课程内容的角度分析：本课内容属于中国现代史部分，这一部分的教学承载着社会主义核心价值观教育、社会主义先进文化教育、革命文化教育、中华优秀传统文化教育、法治教育、国家安全观教育、民族团结进步教育、生态文明教育等方面的任务。如何在教学过程中寓论断于叙事，将相关理念和内容有机地融入历史过程的

七年级上册"单细胞生物"

◇课型 | 新授课　　◇教材 | 人教版　　◇授课教师 | 王俐

目标确立依据

◎ 课标分析

生物学课程将发展学生的核心素养作为宗旨，在小学、初中和高中三个学段形成了循序渐进和连贯一致的课程指向。《义务教育生物学课程标准（2022年版）》明确提出，学生通过本课程的学习，应达到以下目标：掌握生物学基础知识，形成基本的生命观念；初步掌握科学思维方法，具备一定的科学思维习惯和能力；初步具有科学探究和跨学科实践能力，能够分析解决真实情境中的生物学问题；初步确立严谨求实的科学态度，乐于探索生命的奥秘；树立健康意识和社会责任感，能够强身健体和服务社会。

在《义务教育生物学课程标准（2022年版）》中，本节内容属于学习主题"生物体的结构层次"中的概念1"生物体具有一定的结构层次，能够完成各项生命活动"下属的重要概念"细胞是生物体结构和功能的基本单位"。具体描述为"一些生物由单细胞构成，一些生物由多细胞构成"。针对该内容的学业要求是运用控制变量的方法，设计简单的实验，探究单细胞生物的运动或趋性。学习活动建议为观察某种原生生物（如草履虫），并探究其取食、运动或趋性。通过本主题的学习，学生能够形成生命系统观，建立"生物体具有一定的结构层次，能够完成各项生命活动"这一大概念。教师通过实验教学指导学生观察草履虫，学生获知草履虫是由一个细胞构成的事实，从而建立一些生物是由单细胞构成的这一概念；再通过探究草履虫的取食、运动和趋性，演示草履虫利用口沟取食、与环境进行物质交换、对外界刺激作出反应的现象，学生认识到草履虫这样的单细胞生物也能独立完成一系列生命活动，从而认识到细胞是生物体结构和功能的基本单位，为学生生物进化思想的形成奠定重要基础。

◎ 教材分析

本节内容为人教版生物学七年级上册第二单元"生物体的结构层次"第二章"细胞怎样构成生物体"第四节的内容。本节内容"单细胞生物"是对学生认知生物体的结构层次的多样性和复杂性的一种重要补充，有利于帮助学生对生物体的结构层次形成全面的认识。

◎ 学情分析

学生在本册第一单元学习了生物的特征，对生物有一定的了解，在第二单元又学习了动物细胞和植物细胞，初步掌握了细胞的基本结构，之后再学习单细胞生物相对较简单。通过前两节内容对动物体和植物体的结构层次的学习，学生一定程度上了解了生物体的结构层次，并初步认识到生物体通过各种结构层次的协调配合来共同完成复杂的生命活动。但学生对于单细胞生物是如何进行生命活动的还不清楚，因此教师要引导学生学习单细胞生物的结构以及各项结构的生理功能，从而了解到单细胞生物可以独立完成生命活动。

学习目标

1. 基础知识
通过探究草履虫的取食、运动和趋性，形成单细胞生物可以独立完成生命活动的科学概念。通过资料分析、推理、归纳出单细胞生物与人类的关系。

2. 基本技能
使用显微镜观察草履虫，进一步提升显微镜操作技能。

3. 核心素养
生命观念：通过学习草履虫的结构和各项结构的生理功能，初步建立结构与功能相适应的生命观念。

探究实践：根据已有的显微镜观察经验，自主探究草履虫的外形及运动，并能正确表达所观察到的实验现象。在实验与小组讨论中培养团队交流与合作的能力。针对特定的生物学现象(如草履虫躲避强光)能独立思考、进行推理和判断,并得出结论。

科学思维:根据已知的生物特征,推理归纳与该特征相联系的结构。根据已知结论,演绎推理未知实验的结果。根据已知资料,归纳总结,提取有用信息。

态度责任:通过学习单细胞生物与人类的关系,培养保护与热爱环境的社会责任感。

4. 情感升华

通过分组实践探究活动,培养严谨求实的科学态度,形成保护生物多样性、热爱环境的社会责任感。

评价标准

1. 参与小组讨论,发表自己的观点。

2. 积极参与本组实验活动。成员齐心协力,完成实验计划。

3. 积极参与讨论,描述草履虫的生物基本特征。归纳出单细胞生物能够独立生活的结论。

4. 总结出本节知识要点并联系生活归纳单细胞生物与人类的关系。

5. 准时到达实验室,遵守课堂规定,全程秩序良好。实验后整理实验废弃物,清理好台面。

教学设计

◎教学环节

一、新课导入

教学活动

播放简短的赤潮视频,引发思考,导入新课,引出单细胞生物。

设计意图

激发学生的好奇心,增强学生保护环境的意识。

评价要点

学生对赤潮形成的原因进行思考、表达,对多细胞生物和单细胞生物的区别进行思考、表达。

二、课堂教学：单细胞生物的结构和生活

教学活动

1. 图片展示常见的单细胞生物有哪些，学生们猜一猜这些生物分布在哪里。

2. 学生在显微镜下观察草履虫的外形及运动，并结合课本第68页图2-20，自主学习草履虫的结构。

3. 结合课件，引导学生认识草履虫的具体结构，并与生物的特征相结合，推断结构的功能。

4. 播放草履虫应激性视频，引导学生发现总结草履虫能对外界刺激作出反应，并应用。

5. 播放草履虫繁殖视频，引导学生发现总结草履虫通过分裂进行繁殖。

6. 小结：草履虫作为单细胞生物可以独立完成生命活动。

设计意图

1. 以草履虫为单细胞生物代表认识单细胞生物的结构和生活。培养学生动脑、动手和分析问题、解决问题的能力。

2. 通过图片、视频、提问多方面引导学生认识单细胞也可以独立完成各种生命活动。

评价要点

1. 学生识别出几种单细胞生物并了解其分布。

2. 学生参与活动、实验操作、观察、交流与合作的表现。

3. 学生自主学习、思考、回答问题的表现。

三、课堂教学：与人类的关系

教学活动

请同学们阅读资料，提炼总结单细胞生物与人类的关系。

设计意图

培养学生的阅读能力、信息提取能力、语言表达能力、科学思维能力。

评价要点

学生讨论发言的表现。

四、课堂小结

教学活动

　　请同学们谈一谈：你在本节课有哪些收获？

◎作业设计

　　综合测评作业（选做其一）：

　　1.制作草履虫模型。

　　2.为你喜欢的一种单细胞生物制作介绍海报。

◎板书设计

单细胞生物——能独立生活

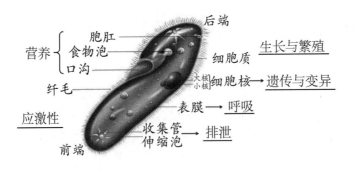

教学反思

　　"单细胞生物"一节主要以草履虫为例讲授单细胞生物，在"观察草履虫"实验的基础上，对草履虫的生物基本特征进行了探究，通过有趣的实验和丰富的视频资源激发学生的学习兴趣，培养学生的探究实践能力。课上充分实现了师生交流、生生交流，也充分激发了学生学习生物学的热情。通过观察草履虫进食、排泄、对外界刺激作出反应以及分裂等，学生得出草履虫作为单细胞生物可以独立地完成各项生命活动的结论。这样既有效地完成了教学目标，又锻炼了学生的各项能力，体现了教学活动是一个学生不断提出问题、发现问题、解决问题的过程，充分发挥了学生的主观能动性。

八年级上册"中国的水资源"

◇课型｜新授课　　◇教材｜湘教版　　◇授课教师｜詹佳佳

目标确立依据

◎课标分析

《义务教育地理课程标准（2022年版）》中有以下内容要求：运用地图和相关资料，描述中国水资源、土地资源、矿产资源和海洋资源等自然资源的主要特征，举例说明自然资源与人们生产生活的关系，认识开发、利用、保护自然资源的重要意义。

水资源指可被利用或有可能被利用的水源，这个水源应具有足够的数量和合适的质量，并满足某一地方在一段时间内具体利用的需求。中国水资源地区分布呈现"东多西少，南多北少"的不平衡状态，时间分配上具有"夏秋多，冬春少和年际变化大"的特点。教学时可以我国的南水北调工程为例，呈现我国对水资源的开发、利用、保护，使学生认识到水资源与我们的生活息息相关。

◎教材分析

本节内容选自湘教版地理八年级上册第三章第三节，本节内容与第二节"中国的土地资源"一样，都是按照"资源分布特点—利用中出现的问题—解决问题的措施"的思路进行编排，侧重将知识点落实到地图上，以训练学生的读图和析图能力。

◎ 学情分析

----

1. 认知特点：初中生活泼好动，对身边的地理知识比较感兴趣，教师可以充分利用生活中的地理现象以及较为活泼的课堂活动氛围，激发学生的求知欲。

2. 学习基础：学生前期已经学习了中国地理气候、河流等相关知识，已经具有进行水资源分析的知识储备。这是本单元的第三节，前两节学生学习了中国的自然资源概况和土地资源，因此掌握了分析水资源的相关方法。

学习目标

1. 根据中国径流带分布图和中国主要河流年径流量图，说出中国水资源的时空分布特点。

2. 结合实例，说明我国跨流域调水的必要性，以及解决我国水资源时空分布不均这一问题的主要措施。

3. 了解中国水资源的现状，认识节约用水和开发、利用、保护水资源的重要意义。

评价标准

1. 能够掌握中国水资源空间、时间分布特点，了解中国水资源的现状，并能针对我国水资源时空分布不均这一特点提出有效的应对措施。

2. 能够读懂并理解学习材料，清晰地表达思维过程，准确完成学习任务。

3. 能够掌握地理认识方法，并将所学知识迁移运用，解决真实情境问题，树立保护水资源的意识。

教学设计

◎教学环节

一、导入

教学活动

1. 创设情境——南水北调工程

人们常说，远水难解近渴。但有一项工程，让远在南方的水滋润了北方大地，这就是中国的南水北调工程。

2. 问题引领

为什么我国花大力气建设南水北调工程呢？

> **设计意图**
>
> 观看南水北调工程的相关视频，思考建设这项工程的背后，隐藏着中国水资源的什么主要特征。
>
> **评价要点**
>
> 利用生活中的真实情境，激发学生对地理学习的兴趣。

二、课堂教学：中国水资源空间分布特点及应对措施

教学活动

1. 问题链引领

（1）什么是水资源？

（2）为什么要建设南水北调工程？中国水资源在空间分布上呈现什么特征？

（3）南水北调工程西线、中线、东线的目的地分别是哪？

（4）为什么西北地区和华北地区缺水？

（5）建设南水北调工程对西北、华北地区有何意义？

2. 活动支架

（1）概念解析：水资源指地球上的淡水

> **设计意图**
>
> 1. 阅读南水北调示意图，找到三种调水方案的目的地，西线解决西北地区的缺水问题，东、中线解决华北地区的缺水问题。
>
> 2. 利用中国的气候图、地形图、人口密度图、耕地占比图，分析西北、华北地区缺水的原因。
>
> 3. 通过小组探究，思考南水北调工程对我国水资源空间调配的意义。
>
> **评价要点**
>
> 1. 学生学会读图并且能从图中获取信息，能用自己的话描述特征。
>
> 2. 利用真实的情境案例，分析其背后蕴藏的特点，通过小组探究、合作等方式，培养学生读图、提取信息的能力，并引发学生思考。

源。一个国家的径流量大小，大体可以表明这个国家水资源的多少。

（2）读图指导：学生按三步读图法读取中国径流带分布图。

（3）析图归纳：学生观察径流带的划分，得到中国水资源的空间分布特点——东多西少，南多北少。

（4）寻找对策：针对中国水资源地区分布不均衡的特点，我国兴建了多项跨流域调水工程。其中，南水北调工程属于我国最大规模的跨流域水资源综合开发利用工程。

（5）小组探究——南水北调工程。

3. 过渡：南水北调工程在什么时间段调水呢？

三、课堂教学：中国水资源时间分布特点及应对措施

教学活动

1. 问题链引领

（1）为什么南水北调工程中的东线方案主要是11月至次年3月调水？这反映了中国水资源在时间分配上呈现什么特征？

（2）针对水资源在时间分配上不均衡的特点，应采取什么措施？

（3）我国径流量年内季节分布不均和年际明显波动，会给我们的生产生活带来什么影响呢？

2. 活动支架

（1）头脑风暴：学生以小组为单位，利用黄河一年的径流量变化图和不同年份的径流量

设计意图

学生通过图片、时事新闻、生活经验等素材得出结论：水资源时间分配不均，容易造成干旱或洪涝等灾害，给水资源的合理开发利用带来许多困难。

评价要点

1. 学生培养从图片中获取信息的能力、总结归纳的能力。

2. 学生通过生活中的地理现象，学习身边的地理，思考其带来的地理意义。

变化图，说出中国水资源在时间分配上呈"夏秋多，冬春少，年际变化大"的特点，并思考南水北调东线方案在11月到次年3月调水的原因。

（2）寻找对策：针对水资源在时间分配上不均衡的特点，采取兴建水利工程等措施。例如黄河小浪底、长江三峡水利枢纽。

3. 过渡：有了这些水利工程是否就高枕无忧了？作为中学生的你们，应如何保护水资源？

四、课堂教学：中国水资源的现状和保护水资源

教学活动

1. 问题链引领

（1）我国水资源在总量和人均占有量上有什么特点？

（2）中国水资源面临的现状？

（3）应该如何保护水资源？

2. 活动支架

数据对比：列举中国与其他国家的水资源并进行对比，学生得出中国的水资源总量丰富，但人均占有量少。

设计意图

通过水资源现状资料和图片，学生直观感受到水资源污染、破坏等问题，意识到在农业、工业、生活中应采取措施节约用水。

评价要点

1. 通过数据比较，学生感受到中国水资源的稀缺。

2. 利用生活中的图片和素材，学生直观地感受到水资源污染和破坏等问题，认识到保护水资源的重要意义。

五、升华

展示中国为应对水资源时空分布不均建造的伟大工程，及其给人们带来的巨大的社会、生态、经济效益，增强学生的爱国之情。同时，引导学生认识到水资源与人们的生活息息相关，明确开发、利用、保护水资源的重要意义。

六、总结

本节课学习了中国水资源时空分布不均的特征及其应对措施。针对中国水资源的现状，总结节约用水的措施。

◎作业设计

【迁移运用】小调查

开展一次家庭用水调查活动，制订一个具体的家庭节水计划。

【扩展延伸】减少南水北调工程水量损耗和水质污染的对策

南水北调工程需要考虑诸多因素，如沿途蒸发、渗漏造成水量损失，沿途保护不力造成水质污染等。因此，专家指出，

> 设计意图
>
> 1.通过家庭用水数据的记录，引导学生观察身边的生活场景，启发学生的地理思维。
>
> 2.采用调查和搜集资料等方式，提升学生的认识，培养学生的地理实践力和综合思维，提升其人地协调观。

如果没有周密的方案，从南方调来的"好水"到了北方就有可能变成无法利用的"咸水""脏水"。课后分组搜集资料，就如何减少南水北调工程沿途的水量损失和水质污染提出解决方案，并比较各组方案的优缺点。

◎板书设计

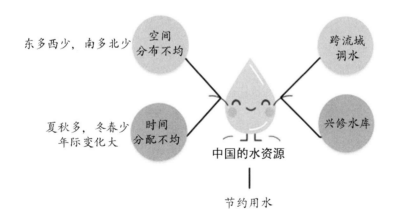

教学反思

亮点：

一是本节课利用真实的情境导入，贯穿始终，采用任务驱动、问题链引领的方式，带动学生通过独立思考、小组探究等方式，一步步去分析问题、解决问题，从而增长学生的地理知识。

二是从地理课堂中挖掘育人价值，让学生感受祖国的伟大、资源的开发和利用、人地协调。

三是课后扩展延伸，采用调查和搜集资料等方式，提升学生的认识，培养学生的地理实践力和综合思维，提升其人地协调观。

不足：

本节课对时间控制把握不准，对学生讨论、合作、探究等方面的预设和生成有待经过实际操作后不断完善，改进教学设计。

八年级上册"光的折射"

◇课型 | 实验探究课　◇教材 | 人教版　◇授课教师 | 于晓明

目标确立依据

◎课标分析

《义务教育物理课程标准(2022年版)》在"课程内容"部分"运动和相互作用"一级主题、"声和光"二级主题下要求学生"通过实验,了解光的折射现象及其特点"。

教师在教学中,可以通过温习"光的反射定律"得出的过程,引导学生通过实验探究光的折射规律,并与"光沿直线传播""光的反射"进行对比,加深学生对光的折射的理解。

◎教材分析

光的折射是重要的光学现象之一。学生在此前已经学习了光在同种均匀介质中沿直线传播和光遇到物体表面会发生反射的特点,在这个基础上进一步探究光在不同介质中传播的规律,也是后面学习透镜的基础,具有承上启下的作用。生活中很多现象与光的折射有关,了解光的折射现象及其特点有利于学生更好地认识自然。

◎学情分析

一方面,学生在"光的反射""平面镜成像"的学习中已经了解了一些光的现象,但对光的折射现象的产生原理是比较陌生的,这也是学生容易产生兴趣的地方。教师在教学中可以多挖掘相关、有趣的现象或实验，激发学生的学习兴趣，调动学生的学习积极性和主动性。

另一方面，学生以直观思维为主，抽象思维能力较弱。一般教学中，教师会直接给出法线的概念，学生较难理解。所以教师在教学中要注重通过实验引导学生建立法线的概念，让学生体会法线的必要性。同时可以对比"光的反射"中法线的概念，使教学更自然、不突兀。

学习目标

1. 基础知识

通过对日常生活中有关光的折射现象的观察，学生能够了解光在两种介质中传播时会发生折射的现象，总结光的折射规律。

2. 基本技能

通过体验探究实验的全过程，理解科学探究的内涵，培养学生初步的探究能力。

3. 核心素养

在实验过程中，学生能提高设计、交流、总结归纳的能力，积极地与本小组和其他小组成员交流探究，客观分析评价他人的观点，培养善于与人交流、合作互助的素养。通过对比光的反射规律进行探究的过程，学生能够培养通过对比建立概念的科学方法。

4. 情感升华

通过了解光的折射在生活中的应用，学生能根据探究学习的成果去分析和解决相关的实际问题，并养成热爱科学、勇于探索、严谨治学的美好品质。

评价标准

1. 总结知识与发现规律，运用逻辑性的推导掌握光的反射定律。

2. 探究过程积极参与，理解探究步骤的设计，具有初步设计探究过程的能力。

3. 探究过程积极交流合作，能客观评价他人，能总结对比光的折射定律和反射定律。

4. 了解生活中的折射现象，能运用光的折射定律绘制光路图并解释现象，能理解光学知识在生活和工作中的意义，热爱科学，熟悉探究方法。

教学设计

◎教学环节

一、创设情境，导入新课

教学活动

准备两个实验：

1. 筷子斜插入水杯发生弯折。

2. 杯底现硬币。

（引出光的另一种传播形式——光的折射）

设计意图

以实例展示光的折射现象，激发学生的学习兴趣。同时点明该传播方式与前面所学光的传播方式的区别是光在不同介质中传播。

二、新课教学，概念解析

教学活动

1. 追寻光的折射现象

教师提出问题：

（1）筷子斜插入水杯中，为什么会出现筷子折断的现象呢？

（2）为什么杯底硬币又出现了呢？

教师引导：其实这些都是光的一种特殊现象——光的折射。回忆一下我们是如何观察光的传播路径的，能不能观察折射中光的传播路径。

教师追问：

（1）既然是与光有关的特殊现象，那问

设计意图

1. 教师通过层层递进式的问题，将学生的思考方向引到光的传播介质上来，激发学生对光在两种不同介质中传播时会产生怎样的变化的探究兴趣。

2. 学生在教师的启发下，根据所观察到的演示实验现象总结出光的折射的概念，初步认识光在传播过程中的不同情况。

3. 教师引领学生在设计实验的过程中，逐渐形成设计实验方案的能力和积极交流、讨论的意识。学生积极与本小组及其他小组成员交流，客观分析和评价他人的观点，形成善于与人交流、合作互助的良好素养。

题出在哪儿?

（2）光在同种均匀介质中是怎样传播的?

（3）什么是光的折射?

实验演示:

（1）演示光在空气中沿直线传播的现象。

（2）演示光从空气中斜射入水中时发生折射的现象。

（3）引导学生总结出光的折射的概念。

2. 探寻光的折射规律（设计实验）

（1）提问:同学们准备从哪些方面探究光的折射规律?

（2）引导:那我们就像探究光的反射定律那样一步一步地来探究光的折射规律吧。

（3）学生组成实验小组。

（4）教师组织学生讨论部分小组的实验方案,引导全班进行评估。

（5）教师组织全班学生讨论探究结果。

三、实验探究，得出结论

教学活动

1. 三线共面

（1）沿着激光笔的折射光线从空气入射到水中，拿一块平板垂直于水面放入水中，发现平板上能同时显示入射光线和折射光线。

（2）将折射光线所在一侧半边板向后翻折，通过在水中加入色素显示折射光线，观察折射光线是否仍在平板上。

2. 探究折射角与入射角的关系

（1）通过对光的反射定律的回顾，引导学生判断什么是入射角，什么是折射角。对比反射定律引导学生构建法线概念，理解法线在探究光的折射规律中的作用。

（2）学生动手实验，教师巡视学生的实验情况。

（3）引导学生讨论实验的初步结果：两角不等。

3.探究折射光线、入射光线与法线的关系

（1）通过回顾光的反射定律，提出问题，学生动手实验，观察实验现象。

（2）引导学生得出结论。

4.探究光的折射现象中光路是否可逆

用另一颜色的激光笔，沿着红色激光笔的折射光线从水中入射到水面，观察出射光线的方向，并寻找光从水中射入空气的情况下，折射角与入射角的大小及变化关系。

5.特殊现象

引导学生观察光垂直于水面入射时的特殊现象。

6.思考评估

（1）折射现象只发生在水和空气之间吗？

（2）演示现象：光从空气斜射入玻璃砖并射出。

（3）引导学生观察现象后分析得出结论。

四、联系生活，提升素养

教学活动

利用光的折射规律解释生活中的现象。

1.解释现象一：插入水中的筷子为什么会变弯？

2.解释现象二：杯底看不见的硬币为什么会"重现"？

3.指导学生作图，提醒学生注意光线是远离法线还是靠近法线。

4.举出一些生活中的现象让学生运用所学知识尝试解释它们的成因。例如：

设计意图

加深学生对光的折射规律中折射角和入射角的大小关系的理解。培养学生的推理预测思维能力及迁移应用能力。

评价要点

学生对生活中的折射现象的理解和认知程度，以及迁移运用知识的能力和主动性。

（1）水中鱼的实际位置比看上去要深，所以叉鱼的时候要向鱼的下方叉。

（2）从水面上看到水的深度比实际深度要浅。

（3）潜水员从水中看到岸上的物体变高了。

（4）海市蜃楼的成因。

◎作业设计

一、基础训练

1. 下列光现象中不属于光的折射的是（ 　 ）。

A. 雨后的天空出现彩虹

B. 沙漠上空出现海市蜃楼

C. 如影相随

D. 斜插入水中的筷子在水下的部分看起来向上弯折了

2. 一束光从水中斜射入空气中时，发生了反射和折射现象。下列光路图能正确表示这一现象的是（ 　 ）。

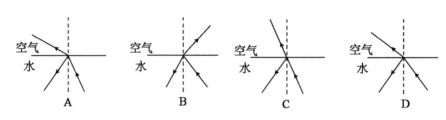

二、综合提升

1. 有一圆柱形敞口容器，从其左侧某一高度斜射一束激光，在容器底部产生一个光斑（如下图所示），下列操作使光斑向左移动的是（ 　 ）。

A. 保持水面高度不变使激光笔向右平移

B. 保持激光射入角度不变使水面下降

C. 保持激光射入角度不变使水面上升

D. 保持水面高度和入射点不变使激光入射角增大

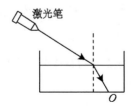

2.甲图是渔民叉鱼的场景，请在乙图中完成渔民看到鱼在水中的像的光路图，同时标出入射角。其中（　　）代表渔民看到的鱼，（　　）代表鱼的实际位置。

甲

◎板书设计

1.光的折射现象

光从空气中斜射入水（玻璃）中时，传播方向会发生偏折，这种现象叫作光的折射现象。

2.光折射的规律

（1）光从空气中斜射入水（玻璃）中时，折射光线偏向法线（折射角小于入射角）。光从水(玻璃)中斜射入空气中时，折射光线偏离法线(折射角大于入射角)。

（2）折射角随入射角的增大而增大。

（3）光垂直入射时光的传播方向不变。

（4）光的折射现象中，光路是可逆的。

3.生活中的折射现象

池底变浅、海市蜃楼、硬币再现、筷子变弯。

教学反思

"光的折射"这节课是以学生实验为主，学生在实验中发现问题、引发思考，通过分组实验探究规律，激发好奇心和求知欲，在实践中培育科学思维；通过小组合作获得客观交流与评价的能力和素养，领略自然界现象中蕴藏的规律。

本节课的难点在于探究，对初中生而言，他们的探究思维还没有形成，所以每个探究环节都要有教师精细的引导。因此，笔者在实验方面降低了一定的操作难度，引导学生在体验探究活动和领略折射在生活中的现象中找到平衡。

九年级上册"燃烧和灭火"

◇课型 | 新授实验课　◇教材 | 人教版　◇授课教师 | 孙才惠

目标确立依据

◎ 课标分析

《义务教育化学课程标准（2022年版）》提出如下要求：

内容要求：通过实验探究认识燃烧的条件，理解燃烧和灭火的原理及其在生活中的应用，初步体会调控化学反应的重要意义。

学业要求：能运用变量控制思想设计燃烧条件等实验探究方案。

◎ 教材分析

本课内容选自人教版化学九年级上册第七单元"燃料及其利用"课题1"燃烧和灭火"。本课的知识内容包括燃烧的条件、灭火的原理和方法、易燃物和易爆物的安全知识三部分。内容的安排与学生生活和社会发展紧密联系，以学生已有经验为起点。

本节课既是对前面学习过的氧气、二氧化碳的性质等知识的巩固和应用，又为以后深入学习化学反应及其能量变化埋下伏笔。同时对于增强化学教学的实践性、提高学生的科学素养有极其重要的意义，可以使学生从化学学科的角度认识燃烧是一种化学反应，认识到自然界的一切变化是有规律的，并且规律又受一定条件的制约。

◎学情分析

学生已有认知基础及能力：学生通过日常生活、影视媒体，认识了不少燃烧现象，对燃烧有一定的了解，较容易从熟知的燃烧物入手，去探究燃烧的本质和灭火的原理，同时学生通过前面的化学课程已经学习了碳、硫、磷等物质的燃烧。

学生可能存在的认知障碍：对于燃烧条件和灭火原理的认识属于学生头脑中的感性经验，学生并没有从本质上去认识，特别是没能上升到化学反应条件、控制与利用化学反应的视角来深刻认识，同时对比分析、归纳推理与概括抽象等高阶思维能力较薄弱。

学习目标

1.通过对家用燃气灶燃烧奥秘的探索，感受化学与生活的密切联系，并学会从化学的视角认识日常生活中的燃烧现象。

2.通过对燃烧条件进行探究，认识燃烧的条件，培养创新意识和实践能力，提高分析及解决问题的能力。

3.通过采用不同方法熄灭蜡烛，归纳与掌握灭火的原理，培养科学态度与责任，树立防火安全意识。

评价标准

（评价量表详见表1）

表1 "燃烧条件的探究"评价量表

评价维度	评价等级			学生自评	小组互评	教师评价
	合格	良好	优秀			
理解掌握	认识燃烧条件，理解燃烧发生需要同时具备三个条件	认识燃烧条件，理解燃烧发生需要同时具备三个条件，掌握探究燃烧三个条件的方法与操作	认识燃烧条件，理解燃烧发生需要同时具备三个条件；掌握探究燃烧三个条件的方法与操作，并会应用燃烧的内涵与条件解释生活或生产中的现象			
方案设计	能在同伴的帮助下设计实验方案，进而正确选择药品、组装装置，但未考虑控制变量问题	能阐明实验原理、装置的选择与实验目的之间的关系；考虑控制变量的问题，多角度综合设计实验方案	能阐明实验原理、装置的选择与实验目的之间的关系；考虑控制变量的问题，多角度综合设计实验方案；能从定性、定量两个维度优化实验操作的细节			
协同合作	体现小组合作，有简单的任务分工；成员合作完成部分任务	分工较为明确，能阐述每个成员的具体贡献；展现较充分的合作，成员合作完成各项任务	分工明确合理，能阐述每个成员的具体贡献；成员积极协同合作完成各项任务，成员之间及时沟通，互相帮助，共同克服困难，并根据项目情况调整任务分工			
表达交流	汇报思路不清晰，展示形式较单一	按照一定的思路呈现项目成果；展示形式比较丰富，语言比较流畅	按照清晰的思路呈现项目过程和成果；展示形式丰富多样，语言流畅			
反思与改进	对燃烧条件的探究实验的设计进行整体评价，通过师生讨论认识到方案存在的具体问题，并提出改进方法	从装置、药品、实验操作、环境影响等维度进行评价；反思探究燃烧条件的实验存在的主要问题，提出改进方案并尝试解决问题	主动从装置、药品、实验操作、环境影响等维度进行评价；不断反思探究燃烧条件的实验存在的问题，并尝试用不同方法解决问题			

教学设计

◎ **教学环节**

一、创设情境

教学活动

情境导入：厨房燃气灶中蕴藏着哪些燃烧的奥秘呢？家用燃气的燃烧需要什么条件呢？

设计意图

从生活中的真实情境出发，激发学生的求知欲，为引出燃烧条件的实验探究作铺垫。

评价要点

基于化学视角描述燃烧现象。

二、燃烧条件探究

教学活动

1. 提出猜想：燃烧需要什么条件？
2. 实验探究：燃烧的条件。
3. 巡视指导，总结交流。

设计意图

通过小组成员之间相互交流，学生学会分享、合作，培养科学探究与创新意识等学科素养。

评价要点

明确实验任务，实验方案科学严谨，具备良好的实验操作能力，能基于现象得出结论。

三、创新装置改进实验

教学活动

改进实验——"水火相容"。

设计意图

加强对学生环保意识的培养，提升其科学态度与责任等学科素养。

评价要点

具有环保意识，能够用不同方法解决问题，优化实验方案。

四、归纳灭火的原理

教学活动

1. 活动：我是灭火高手。

2. 提出问题：生活中有哪些灭火的方法？原理是什么？

3. 引导学生描述实验现象并分析归纳灭火的原理。

设计意图

激发学生的求知欲，引导学生认识事物的两面性，培养安全意识、社会责任。

评价要点

归纳与概括不同灭火方法及对应的灭火原理。

五、拓展迁移成果展示

教学活动

提供仪器及药品，巡视指导学生自制灭火器。

设计意图

将理论运用于实际生活，化学学习使学生终身受益。

评价要点

自制灭火器的灭火效果，装置改进。

六、小结应用

教学活动

学以致用：练习详见学案。

设计意图

前后呼应，总结本课的重点，学生对本课的知识由短时记忆过渡到有效的长时记忆。

评价要点

课堂练习的效果，知识的掌握情况。

◎**作业设计**

1.（必做）【基础知识】下列所采取的安全措施不正确的是（　　）。

A. 油锅起火迅速用锅盖盖灭

B. 煤气泄漏迅速打开排气扇

C. 酒精灯不慎打翻起火，迅速用湿抹布扑盖

D. 在森林大火蔓延路线前开辟一条"隔离带"，以控制火灾

2.（必做）【提升能力】下图是一组用于研究可燃物燃烧条件的对比实验，对有关实验现象和结论的判断错误的是（　　）。

A. 实验1中红磷未燃烧，说明红磷的着火点高于白磷

B. 实验2中白磷燃烧，说明实验2中的热水温度高于实验1

C. 实验2中如果停止通入氧气，燃着的白磷会熄灭

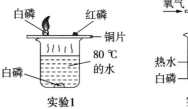

D. 可燃物燃烧需要氧气（或空气），并达到着火点

3.（选做）【思维拓展】对图书馆、商场等公共场所中各种灭火器的标识进行调研，并查资料说明它们的灭火原理。

◎**板书设计**

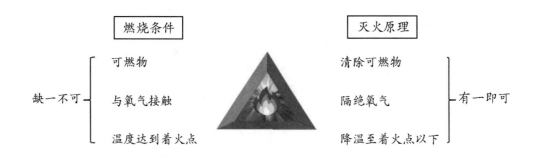

教学反思

1. 本节课以生活中的真实情境为科学知识的切入口，利用学生的经验，激发学生的好奇心，使学生产生强烈的求知欲。教师充分利用各种生活资源备课，挖掘教材，结合学生实验，在实践中促进学生发展。

2. 寓教于乐，以学生为主体。注重学生的观察体验、思维提升等过程。通过设计"微课视频——燃烧条件探究的改进实验""学生演示——灭火的方法和原理""最强大脑——学以致用"活动解决学生的困惑。

3. 采用了多媒体辅助教学，给学生直观、生动、形象的感受。利用信息技术，增强与学生的互动，实现学生的全面、及时反馈。

4. 改进"水中白磷燃烧"的实验，增强实验的直观性和可操作性，同时原创题目，培养学生的知识迁移能力、创新精神和环保意识。

项目式学习案例

二年级"播报身边的美"

◇项目设计教师 | 张玲惠　　　　◇课时安排 | 8课时

项目式学习基本信息表

主课程学科	语文
关联学科	科学、信息科技、音乐、美术
教材	统编版语文二年级下册
教学单元或知识点	《神州谣》《传统节日》《"贝"的故事》《中国美食》

◎驱动性问题或任务

　　我们可以用什么方法让别人了解自己的所见所闻呢？讨论后引出驱动性任务——播报身边的美。好机会来啦！红领巾电视台要举办"播报身边的美"活动，我们一起参赛吧，看看谁是合格的小主播。

◎项目式学习目标

　　学科知识：

　　1.认识71个生字，会写36个生字。

　　2.联系本单元内容和生活经验，了解词句的意思，学习诗歌、民谣、故事等的写作方法。

　　3.正确流利地朗读诗歌、民谣，读出韵味。

学科能力:

1.学习《神州谣》《传统节日》中的写作方法,创作出"深圳谣""家乡谣""××字的来历"等图文并茂的作品,分享在班级公众号。

2.制作"美景小主播""美食小主播"的微视频。

3.分享"中国汉字"的有趣小故事。

核心素养:

1.阅读小组能够合作绘制"播报身边的美"的思维导图。

2.合作完成"深圳谣"或"家乡谣"。

3.能用恰当的语言表达自己的看法、感受。

◎项目式学习活动

▷活动一

项目阶段:启动阶段(课内进行) 活动时间:10分钟

活动目标:

创设项目情境,提出驱动问题。

学生活动:

1.讨论:我们可以用什么方法让别人了解自己的所见所闻呢?讨论后引出驱动性任务——播报身边的美。

2.思考:我们有过哪些行动?我们可以从哪些方面播报?

学习支架:

教师创设情境,引出驱动性任务——"播报身边的美",并组织学生讨论、思考。

▷活动二

项目阶段:探究阶段(课内进行) 活动时间:2课时

工具及资源:教材(阅读) 活动收获:填写完整的群文学习表(附录1)

活动目标:

利用课程,探究展示方法。

学生活动:

1. 阅读《神州谣》《传统节日》《"贝"的故事》《中国美食》,思考这几篇课文从哪几方面介绍了中华传统文化之美,可以从哪方面去延伸探究。

2. 小组合作探究完成群文学习表(附录1)。

学习支架:

1. 提供群文学习表,引导学生在阅读中运用多种方法自主识字。

2. 提示学生认真阅读和思考,感受中华民谣的韵律美,了解中华传统节日,了解汉字的奥秘,热爱并积极参与制作美食。

3. 引导学生就自己感兴趣的方面分组探究,播报身边的美。大概分为四组:民谣组、节日组、汉字组、美食组。

▷**活动三**

项目阶段: 探究阶段(课内进行) 活动时间:20分钟

工具及资源:教材、拓展阅读文本

活动目标:

1. 构建任务框架,梳理探究步骤,回答驱动问题。

2. 学生自主学习学科知识1,培养学生的学科能力1、核心素养1。

学生活动:

1. 根据小组合作探究完成汇报评价表(附录2),各小组汇报探究计划。

2. 拓展阅读文章《歌颂祖国山和水》,讨论如何写出"深圳谣"或"家乡谣"。

3. 讨论分享美食播报方法。

4. 全班总结讨论,绘制"播报身边的美"的思维导图。

学习支架:

1. 提示学生汇报前小组要分工合作,围绕完成的表格练习说一说。

2. 引导学生讨论拓展文章中用了什么方法播报身边的美。

3. 引导学生总结文章的表达方法。

4. 引导学生发现身边的美。

5. 指导学生绘制"播报身边的美"思维导图。

▷ **活动四**

项目阶段：探究阶段（课外进行）　活动时间：3课时

工具及资源：电子设备（投影）

活动收获：播报视频、制作美食录音、创作歌谣等

活动目标：

学生自主学习学科知识2，培养学生的学科能力2、核心素养2。

学生活动：

1. 民谣组：细细寻找深圳之美或家乡美，仿写"深圳谣"或"家乡谣"，准备播报视频。

2. 节日组：拓展传统节日资料，播报传统节日的民风、民俗。

3. 汉字组：收集汉字故事，播报汉字的奥秘。

4. 美食组：分享美食并制作小视频。

学习支架：

1. 提供"播报身边的美"小主播评比表（附录3、附录4），取长补短。

2. 阅读组长负责收集图文并茂的作品，分享到班级公众号。

▷ **活动五**

项目阶段：探究阶段（课外进行）　活动时间：2课时

工具及资源：舞台、灯光、音响等

活动目标：

学生自主学习学科知识3，培养学生的学科能力3、核心素养3。

学生活动：

1. "播报身边的美"优秀作品展示。（民谣组、节日组、汉字组、美食组各有代表）

2. "播报身边的美"现场展示活动。

学习支架：

1. 教师提出展示要求（附录5）。

2. 教师总结：发现美、创造美、分享美是人类的天性。我们对美的分享态度是"各美其美，美人之美，美美与共"，除了今天播报的身边的"美"，还有许多的"美"在我

们身边，如书画、武术、陶瓷、京剧等都值得我们细细挖掘，愿你们不断发现、播报，将身边的美在世界尽情展示!

◎项目式学习评价

活动过程有相关评价表格，在项目式学习结束后，要求学生进行个人反思（附录6）和小组反思（附录7）。

附录1：群文学习表

	《神州谣》	《传统节日》	《"贝"的故事》	《中国美食》
在本课用什么方法自主掌握了哪些汉字?				
课文中有哪些表现美的方法?				
你想从哪篇课文拓展探究?				

附录2：汇报评价表

班级　　　　　　　　姓名　　　　　　　　　　　　年　　月　　日

评价指标	优秀（20分）	良好（15分）	一般（10分）	得分
回答准确	能够准确回答书单上的各个问题	基本准确回答书单上的各个问题	不能够准确回答书单上的各个问题	
大方有礼	分享过程中声音洪亮，自信大方	分享过程中虽声音洪亮，但不够自信大方	分享过程中声音不够洪亮，不够自信大方	
语言完整	语句完整，意思明确	语句基本完整，意思基本明确	语句不够完整，意思不够明确	

附录3：微电影评价表

班级　　　　　　　　姓名　　　　　　　　　　　　年　　月　　日

评价指标	★★★★★	★★★	★
画面	内容丰富，能够抓住表现身边美的人、事、景进行拍摄，视频清晰、流畅	内容较丰富，基本能够抓住表现身边美的人、事、景进行拍摄，视频较清晰、流畅	内容较丰富，没能抓住表现身边美的人、事、景进行拍摄，视频不够清晰、流畅
配文	视频画面与字幕相符，抒发了热爱之情。语句通顺，文笔优美，无错别字	视频画面与字幕基本相符，基本抒发热爱之情。语句通顺，文笔优美，无错别字	视频画面与字幕不太相符，抒发了热爱之情。语句不够通顺，文笔一般，有错别字
解说	解说与画面同步，吐字清晰，表达流利，有感情	解说与画面基本同步，吐字清晰，表达流利，但缺乏感情	解说与画面不同步，吐字不够清晰，表达不够流利，缺乏感情
配乐	背景与画面融为一体	背景与画面基本相配	背景与画面不太搭配

附录4：美食制作评比表

班级   姓名   年   月   日

菜品名称	主播仪态	介绍过程是否清楚	摆盘是否美观	备注
				达标的画
				"√"

附录5："播报身边的美"现场展示评价表

姓名	内容合适	背景融合	感情充沛	富有表现力	注重延伸探究

附录6：个人反思表

1. 通过这个项目的学习，我学会了这些语文知识：
2. 在完成项目活动的过程中，我学会了这些阅读和写作的方法：
3. 通过开展这个项目，我不仅了解了表达中国之美的方法，还了解了：

附录7: 小组反思表

参与本项目学习的小组成员:
本项目学习中, 我们小组合作的成功之处:
本项目学习中, 我们小组可改进之处:
本项目学习中, 我们小组改进的方法:
本项目学习中, 我担当的职责及为小组工作做出的贡献:
如果我做以下改变, 会使我们小组的合作更出色:
在这个项目中, 我的小组同伴值得我学习的地方是:

五年级"我们班的吉祥物"

◇项目设计教师 | 陈永红　　　　◇课时安排 | 6课时

项目式学习基本信息表

主课程学科	语文
关联学科	科学、美术
教材	统编版语文五年级上册
教学单元或知识点	第五单元

◎驱动性问题或任务

　　学校将要举办运动会，要求每个班级有一个吉祥物，这个吉祥物可以是动物，也可以是植物，还可以是自己创造出来的事物，只要能把它介绍清楚，就可以参与创意征集。要求每个同学运用已学的说明方法，对自己推荐的吉祥物进行说明，进行一次"我们班的吉祥物"评选活动。

◎项目式学习目标

学科知识：

1. 认识15个生字，会写22个生字，能正确读写课后生字组成的词语。

2. 能正确、流利、有感情地朗读课文。

3. 理解课文内容，了解有关太阳、松鼠的特点，激发对大自然、动物的兴趣。

4. 学习阅读说明文，了解课文中运用的说明方法，并体会不同说明方法的特点。

学科能力：

1. 学习《太阳》这篇课文，学会用举例子、列数字等说明方法介绍一种事物。选择身边的一种事物，运用说明方法进行介绍，并尝试把散文《白鹭》改写成一篇说明文。

2. 学习《松鼠》这篇课文中用生动的描述来准确说明事物特征的方法，体会文艺性说明文的特点。观察蚂蚁搬家、喜鹊筑巢、小鸡啄米的场景，并选择其中一个场景仿照课文第四段写一段话。

3. 认真阅读两篇课文，比较两篇课文中说明方法的异同，学会选择正确的说明方法介绍一种事物。

4. 运用思维导图对课文内容进行梳理，了解太阳、松鼠的特点。

5. 初步认识太阳与人类的密切关系；感受松鼠的可爱，增进对大自然、动物的喜爱。

核心素养：

1. 自学课文，搜集太阳、松鼠的相关资料，进行小组交流。

2. 小组合作，夯实字词基础，组内探究，体会说明文的特点。

3. 根据班级要求，参与"我们班的吉祥物"推荐活动，搜集相关资料，运用合适的说明方法介绍自己的吉祥物，通过主题演讲、课件演示、手抄报等方式，向同学们介绍自己设计的吉祥物。

◎项目式学习活动

▷ **活动一**

工具及资源：教材　活动收获：介绍身边的一种事物，改写《白鹭》

学生活动：

1. 了解项目式学习的驱动性问题。

2. 学习《太阳》一课，会认、会写本课生字词，理解难词、难句意思。

3. 了解太阳的特点，掌握有关太阳的知识，初步认识太阳与人类的密切关系。

4. 小组探究，找到课文中是怎样运用举例子、列数字的说明方法介绍太阳的。

5. 学会用举例子、列数字等说明方法介绍一种事物，并尝试把散文《白鹭》改写成一篇说明文。

学习支架：

1. 指导学生有步骤、有条理地阅读和思考。

2. 教会学生学习方法，并将学到的说明方法运用到实践中。

▷**活动二**

工具及资源：教材

活动收获：能运用课文的说明方法描写蚂蚁搬家、喜鹊筑巢、小鸡啄米的一个场景

学生活动：

1. 整体感知课文《松鼠》，理清层次，了解松鼠的特点和生活习性。

2. 学习课文用生动的描述来准确说明事物特征的方法，体会文艺性说明文的特点。

3. 观察蚂蚁搬家、喜鹊筑巢、小鸡啄米的场景，选择其中一个场景仿照课文第四段写一段话。

学习支架：

1. 指导学生有步骤、有条理地阅读和思考。

2. 教会学生学习方法，并将学到的说明方法加以运用。

▷**活动三**

工具及资源：思维导图指导书籍　活动收获：绘制思维导图

学生活动：

1. 运用思维导图，将课文内容进行梳理，了解太阳、松鼠的特点，并比较两种说明方法的异同。

2. 运用合适的方法介绍一种事物，参加班级"我们班的吉祥物"演讲。

学习支架：

1. 指导学生用思维导图梳理课文内容和说明方法，比较两种说明方法的异同。

2. 指导学生运用合适的说明方法介绍自己想要介绍的事物。

3. 指导学生分好小组，做好分工，做好参赛准备。

▷**活动四**

工具及资源：子设备（拍摄小视频）、PPT和视频播放器

活动收获："我们班的吉祥物"演讲比赛、吉祥物图案设计

学生活动：

1.小组合作搜集吉祥物的资料、图片，制成手抄报、演示文稿，为吉祥物设计图案、服装。

2.参加"我们班的吉祥物"演讲比赛，小组成员分工合作，做好策划、准备、推广。

3.选出班级吉祥物。

学习支架：

1.指导开展活动。

2.制订评分细则。

3.组织课堂纪律。

◎项目式学习评价

在项目式学习结束后，要求学生完成个人反思表（附录1）和小组反思表（附录2）。

附录1：个人反思表

1.通过这个项目的学习，我学会了这些语文知识：
2.在完成项目活动的过程中，我学会了这些阅读和写作的方法：
3.通过开展这个项目，我不仅了解了表达中国之美的方法，还了解了：

附录2：小组反思表

参与本项目学习的小组成员：
本项目学习中，我们小组合作的成功之处：
本项目学习中，我们小组可改进之处：
本项目学习中，我们小组改进的方法：
本项目学习中，我担当的职责及为小组工作做出的贡献：
如果我做以下改变，会使我们小组的合作更出色：
在这个项目中，我的小组同伴值得我学习的地方是：

三年级"制作年历我能行"

◇项目设计教师 | 李志远   ◇课时安排 | 5课时

项目式学习基本信息表

主课程学科	数学
关联学科	科学、信息科技、音乐、美术
教材	北师大版数学三年级上册
教学单元或知识点	第七单元 年、月、日

◎驱动性问题或任务

　　时间对每个人来说，都是非常宝贵的，和我们的日常学习也是密不可分的。本周，我们将在学习"年、月、日"这一单元后，自己动手制作一份精美的年历。让我们行动起来，用集体智慧来完成这项有意义的活动吧！

◎项目式学习目标

学科知识：

1. 知道年、月、日之间的关系，能准确判断某一年是平年还是闰年。

2. 能快速判断每个月的天数，且能准确推算某一天是星期几。

3. 能推算两个日期之间间隔的天数。

4. 通过网络搜索，初步了解一些历法方面的知识。

学科能力：

1.能运用数学知识计算间隔的时间，培养学生科学管理时间的能力。

2.能根据实际，制作一份精美的年历，以便指导自己的日常学习和生活。

3.通过在年历中标注一些传统节日，培养学生对民族文化的认同感。

核心素养：

1.在制作年历的过程中，培养学生制作图表的能力，增强其审美意识。

2.在解决关于时间的问题过程中，增强学生运用数学知识解决问题的意识。

3.理解传统节日，进一步增强民族认同感和自豪感。

◎项目式学习活动

▷活动一

工具及资源：教材（分组观察、记录和讨论）

活动收获：填写"不同年份每月天数表"

学生活动：

学习"看日历"一课，思考以下问题：

（1）怎样判断某一年是闰年还是平年？

（2）你有哪些方法可以记住每个月的天数？

学习支架：

1.引导学生观看不同年份的年历。

2.引导学生观察不同年份每个月的天数。

3.提示学生通过比较发现规律。

4.指导学生通过不同方式来记住每个月的天数。

▷活动二

工具及资源：网络

活动收获：完成数学小报《小贴士——闰年的来龙去脉》及数学小报评价表（附录1）

学生活动：

课后借助网络搜索，了解闰年的相关知识。

学习支架：

提示学生制作数学小报，张贴在教室。

▷活动三

工具及资源：网络和演示文稿

活动收获：完成数学小报《传统节日知多少？》及数学小报评价表（附录1）

学生活动：

通过网络搜索和询问家长，搜集一些我国传统节日的相关知识。

学习支架：

1. 提示学生有哪些了解传统节日的方式。

2. 提示学生通过网络搜索来确定农历节日的具体日期。

▷活动四

工具及资源：卡纸及彩笔   活动收获：制作一份精美的年历

学生活动：

1. 讨论：要制作年历，需要做哪些准备？

2. 思考：在年历中，要呈现哪些方面的内容？

3. 实践：制作的年历，可以有哪些不同的样式？

学习支架：

1. 引导学生在制作前做好规划。

2. 指导学生设计自己喜欢的年历样式。

▷活动五

工具及资源：投影   活动收获：完成精美年历及年历制作评价表（附录2）

学生活动：

学生代表向全班展示制作好的年历，重点突出有哪些优点。

学习支架：

1. 选取制作较好的作品。

2. 指导学生做好汇报的准备。

▷活动六

工具及资源：电脑和演示文稿　　活动收获：回答教师提出的系列问题

学生活动：

教师指定一份年历，学生根据年历回答教师提出的相关问题。

学习支架：

1. 指定一份年历，指导学生观察其中的规律。

2. 拟提出以下问题：

（1）2024年的2月、5月各有多少天?

（2）2024年5月1日是星期三，那么5月20日是星期几?

（3）夏令营从7月5日开始，7月20日结束，共经过了多少天?

（4）运动会8月8日开幕，15天后闭幕，几月几日闭幕?

◎项目式学习评价

在项目式学习结束后，要求学生进行个人反思（附录3）。

附录1：数学小报评价表

姓名	版面清晰			字迹工整			内容充实			颜色搭配合理		
	★	★★	★★★	★	★★	★★★	★	★★	★★★	★	★★	★★★

附录2：年历制作评价表

姓名	字迹			年历样式			信息量			版面设计		
	★	★★	★★★	★	★★	★★★	★	★★	★★★	★	★★	★★★

附录3：个人反思表

1.通过这个项目的学习，我学会了这些关于年、月、日的知识：
2.我认为，一份精美实用的年历，主要体现在这些方面：
3.通过交流展示，我认为（　　）小组的作品最好，因为它具有以下特点：
4.通过这个项目的学习，我认为还有以下问题可以继续探究：

六年级"比赛场地我做主"

◇项目设计教师 | 李志远   ◇课时安排 | 3课时

项目式学习基本信息表

主课程学科	数学
关联学科	科学、信息科技、音乐、美术
教材	北师大版数学六年级下册
教学单元或知识点	第二单元　比例

◎驱动性问题或任务

　　学校一年一度的秋季田径运动会对每个同学来说，都是非常重要的一项集体活动。运动会前，学校会给每班提供一份详细的比赛手册，在这份手册中，我们能清楚地知道有多少个比赛项目、每个项目的比赛时间以及参赛名单。手册中有每个比赛场地的示意图，对指导每位选手准确到达比赛场地很有帮助，同时还给出了每个班级集中观看比赛的地点，也利于比赛顺利地进行。今天，我们就利用所学知识，自己动手绘制一份秋季田径运动会比赛和观看场地平面示意图吧！

◎项目式学习目标

　　学科知识：

1.知道田径运动会有哪些比赛项目及场地要求。

2.能够掌握基本的测量场地相关数据的方法。

3.能根据不同的比赛项目合理地划定不同的场地。

4.能利用比例的相关知识，制作规范的平面图。

5.通过网络搜索，初步了解一些体育方面的知识。

学科能力：

1.能利用比例的相关知识，正确计算并绘制平面图。

2.能根据需要测量数据。

3.能通过网络获取关于田径运动会的相关知识。

核心素养：

1.能根据不同的比赛项目，合理划分比赛场地。

2.能根据测量数据及绘图纸张的大小，利用比例的知识，确定平面示意图的大小；在解决关于时间问题的过程中，培养学生运用数学解决问题的意识。

3.学生通过自己动手绘制比赛和观看场地的平面图，获得成就感。

◎项目式学习活动

▷活动一

项目阶段：启动阶段（课内进行）　活动时间：10分钟

工具及资源：教材（分组讨论）　活动收获：完成比例单元学习单

活动目标：

小组合作学习，初步了解绘制相关平面图需要做哪些准备工作。

学生活动：

1.根据教师提出的问题，初步思考并回答绘制比赛和观看场地的平面图，需要知道哪些知识。

2.学习"比例"单元，思考以下问题：

（1）什么是比例尺，怎样计算一幅图的比例尺？

（2）利用比例尺，如何求图上距离和实际距离？

学习支架：

1.提出驱动性问题——绘制比赛和观看场地的平面图，你需要知道哪些知识？

2. 引导学生学习"比例"这一单元。

3. 指导学生尝试计算比例尺、图上距离、实际距离。

4. 帮助学生掌握解比例的一般方法。

▷ **活动二**

项目阶段：启动阶段（课内进行）　活动时间：10分钟

工具及资源：板书　活动收获：制作思维导图

活动目标：

指导学生合理规划绘制平面图的步骤，最终形成合理解决问题的程序和方案。

学生活动：

学生根据提出的驱动性任务"绘制平面图，可以按照怎样的顺序"进行探究。

学习支架：

1. 教师提问，选取关键的步骤写在黑板上。

2. 引导学生合理调整解决问题的步骤，形成最佳方案，并以思维导图的形式呈现。

▷ **活动三**

项目阶段：探究阶段（课内进行）　活动时间：20分钟

工具及资源：网络和演示文稿

活动收获：完成数学小报《我所知道的田径运动会》及评价表（附录1）

活动目标：

学生通过网络搜索、询问家长等方式，获取关于田径运动会所设置的比赛项目的场地要求的相关知识，提高学生获取信息的能力。

学生活动：

通过网络搜索和询问家长的方式，了解田径运动会设置的比赛项目的场地要求。

学习支架：

1. 提示学生了解什么是田径运动会。

2. 通过网络搜索，了解这些比赛项目的场地要求和比赛规则。

▷ **活动四**

项目阶段：测量阶段（课外进行）　活动时间：50分钟

工具及资源：卷尺、笔和记录纸

活动目标：

到学校操场测量场地，掌握测量场地相关数据的基本方法，培养学生的实际操作能力。

学生活动：

1. 讨论：要合理划分比赛和观看比赛的场地，需要做哪些准备？

2. 思考：要画出相关场地的平面图，需要测量哪些数据？

3. 绘制的平面图，可以有哪些不同的样式？

学习支架：

1. 引导学生在绘制前做好测量计划。

2. 指导学生了解每个班级的人数。

3. 指导学生分小组合作，现场测量相关数据。

▷ **活动五**

项目阶段：探究阶段（课内进行）　活动时间：20分钟

工具及资源：投影　　活动收获：绘制若干精美平面图

活动目标：

学生能根据不同比赛项目的场地要求，合理地划定不同的场地，并利用比例的相关知识，绘制规范的平面图，培养运用数学知识合理解决问题的能力。

学生活动：

1. 分组合作，先根据学校操场的大小和比赛场地要求，划分比赛场地和各班级观看区域。

2. 分组计算每个场地在图纸上的长度。

学习支架：

1. 提出问题，引导学生讨论和初步规划场地。

2. 指导学生根据选取的图纸和操场的实际长度，先确定比例尺，再计算出每一个场地的图上距离。

▷活动六

项目阶段：展示及点评阶段（课内进行） 活动时间：40分钟

工具及资源：投影及教师提问集

活动收获：绘制若干平面图并完成评价表（附录2）

活动目标：

借助学生完成的作品，引导学生进行多形式的讲评和问答，提升学生观察、计算的能力。

学生活动：

1.学生代表向全班展示绘制好的平面图，重点说出平面图有哪些优点。

2.根据教师指定的一张平面图，学生回答教师提出的相关问题。

学习支架：

1.选取绘制较好的作品。

2.指导学生做好汇报的准备。

3.教师提问。

◎项目式学习评价

在项目式学习结束后，要求学生进行个人反思（附录3）。

附录1：数学小报《我所知道的田径运动会》评价表

姓名	版面清晰			字迹工整			内容充实			颜色搭配合理		
	★	★★	★★★	★	★★	★★★	★	★★	★★★	★	★★	★★★

附录2：平面图制作评价表

姓名	字迹			信息量			版面设计		
	★	★★	★★★	★	★★	★★★	★	★★	★★★

附录3：个人反思表

1.通过这个项目的学习，我学会了这些关于田径比赛及场地划分的知识：
2.我认为，一份合理的平面图，主要体现在这些方面：
3.通过交流展示，我认为（　　）小组的作品最好，因为它具有以下特点：
4.通过这个项目的学习，我认为还有以下问题可以继续探究：

三年级 "A class for school picnic"

◇项目设计教师|史青　霍欣　陈哲　　　◇课时安排|5课时

项目式学习基本信息表

主课程学科	英语
关联学科	美术、信息科技
教材	新魔法英语三年级上册及下册
教学单元或知识点	2A Unit1 *A day out*, Unit 2 *let's go*, Unit 5 *School picnic* 2B Unit 3 *Yummy food!*

◎驱动性问题或任务

进入三年级，学生们已经有了一定的合作学习能力和社交能力，对学校组织的活动开始有了发言权，校外出游是他们最喜欢的活动之一。

驱动性问题：如何设计一次愉快、健康、充实的校外（班级）野餐活动？

◎项目式学习目标

学科知识：

1. 学会表述地理位置：方位词 near、in front of、behind 的运用。

2. 通过对交通工具的学习，能使用句型"How can you go to school? I can go by..."。

3. 学习出游必备物品等基本词汇以及句型"Is this/that ××'s...?""Are these/those ××'s...?"，学会询问和回答物品的所属问题。

4.能用英语正确表达物品的价格：How much is it / are they?

学科能力：

1.能运用电脑查询地址、地图，并用英语表达。

2.能用英语描述地理位置，规划路线。

3.能列出出游必备物品及购物清单。

4.能用英文制作图文并茂的作品并记录出游的美好时光。

核心素养：

1.能够认真调查，发散思维，积极探索，思考并设计新颖的出游方案。

2.能够协助同学，互相学习，为设计方案提出合理化建议。

3.学会使用多种媒介与他人交流。

4.学会与他人分享自己的快乐，并记录美好生活。

◎项目式学习活动

▷ **活动一**

项目阶段：启动阶段（课内进行） 活动时间：10分钟

工具及资源：视频（英文） 活动收获：思维导图、出游方案框架

活动目标：

创设项目情境，提出驱动性问题。

学生活动：

1.观看视频，了解深圳的著名景点。

2.展示一些较全面的旅游方案，了解出游的常见内容与形式。

3.分组讨论如何制作出游思维导图。

学习支架：

1.播放视频，引入校外出游主题。

2.驱动性问题导入，展示一些旅游方案，供学生参考。

3.引导学生分组讨论，制作思维导图。

▷活动二

项目阶段：启动阶段（课内进行）　活动时间：10分钟

工具及资源：日历、电脑或手机　活动收获：完成出游方案

活动目标：

搭建任务框架，进行步骤梳理，学生明白如何利用课程的知识完成项目式学习，回答驱动性问题。

学生活动：

合作讨论，以深圳为背景，设计一次校外出游的活动方案。

学习支架：

以时间、地点、路线、具体活动等为发散轴。

▷活动三

项目阶段：探究阶段（课内进行）　活动时间：20分钟

工具及资源：地图、电脑　活动收获：能用英语记录出游地点、天气情况等

活动目标：

学生在课堂上学习表示地理位置的方位词，教师引导学生运用电脑查询地点、地图，并用英语表达，使学生学会认真调查，设计新颖的出游方案。

学生活动：

对话练习，描述目的地的天气、地理位置，出游必备物品以及去目的地的时间、交通工具。

学习支架：

教授和复习时间、天气、地理位置、必备物品、交通工具的表达方法。

▷活动四

项目阶段：探究阶段（课外进行）　活动时间：40分钟

工具及资源：手机　活动收获：设计详细的出游方案

活动目标：

学生自主学习交通工具的表达方法，并用英语询问适合前往目的地的交通工具，

培养学生用英语描述地理位置、规划路线的能力和协作学习能力。

学生活动：

按照思维导图的框架实地踩点、购物，完善出游方案。

学习支架：

教师提供指导与支持。

▷ **活动五**

项目阶段：展示阶段　活动时间：时间不限

工具及资源：评价表　活动方案：填写反馈与评价表

活动目标：

制作链接，利用线上投票平台完成教师评价表及学生评价表。

学生活动：

学生以投票的方式选择自己最喜欢的出游路线，票数前五名的获优秀奖。填写评价表，写出为什么喜欢、喜欢哪些部分，等等。

学习支架：

将学习成果以图文并茂的形式，分享到微信群。教师在优秀奖中，评选出一、二、三等奖。

◎ **项目式学习评价**

----

1. 在项目式学习结束后，要求学生进行小组反思和个人反思。

2. 学科知识评价：测试。

四年级 "Food and culture"

◇项目设计教师 | 徐娟　　　◇课时安排 | 3课时

项目式学习基本信息表

主课程学科	英语
关联学科	英语
教材	新魔法英语四年级下册
教学单元或知识点	Unit 3 *Chinese food* Unit 4 *Food fair*

◎驱动性问题或任务

学生充分体验烹饪，经历准备购物清单、在市场上购物、准备食材、一起烹饪的过程。

◎项目式学习目标

学科知识：

1. 能熟练运用核心词汇 Gong Bao chicken、hotpot、Mapo tofu、noodles with soybean paste、Peking duck、red bean soup 等来表达一些典型的菜品。

2. 能正确使用词汇 few、a few、little、a little、plenty of，以及句型 "Would you like to...?" "I would like to..."。

学科能力：

在生活中运用所学词汇和句型进行交流沟通。

核心素养：

了解东西方的饮食习惯及饮食文化习俗，并学会根据自己的需要制订菜单、烹饪等。

◎项目式学习活动

▷活动一

项目阶段：启动阶段（课内进行）　活动时间：20分钟

工具及资源：多媒体　活动收获：讨论并选择菜品

活动目标：

创设项目情境，提出驱动性问题。

学生活动：

教师给学生设定任务：班级要开展一次"美食汇"活动，请大家分组讨论要准备两道什么菜。

学习支架：

教师给出一些东西方经典的菜品名称和图片，并做简单介绍。

▷活动二

项目阶段：启动阶段（课内进行）　活动时间：20分钟

工具及资源：多媒体

活动目标：

搭建任务框架，进行步骤梳理，学生明白如何利用课程的知识完成项目式学习，回答驱动性问题。

学生活动：

思考、讨论制作小组准备的菜品需要的食材及制作过程。

学习支架：

教师引导学生在讨论中自然使用 a few、few、little、a little 以及句型 "Would you

like to...?"。

▷活动三

项目阶段：探究阶段（课外进行）　活动时间：40分钟

工具及资源：多媒体

活动收获：填写食材清单、烹饪步骤，绘画菜肴作品

活动目标：

学生能运用本课核心词汇和句型进行小组讨论，初步了解东西方的饮食文化，并能根据自己的需要制订菜单，烹饪菜品。

学生活动：

小组讨论并在家里制作两道东西方经典菜品，把制作好的菜品画下来。

学习支架：

学生小组合作完成一张作业单，作业单里需要写出制作菜肴的材料、步骤、味道和评价。

▷活动四

项目阶段：探究阶段（课内进行）　活动时间：40分钟

工具及资源：多媒体　活动收获：制作菜品

活动目标：

学生能在生活中运用所学词汇和句型进行交流沟通，并且能进一步了解东西方的饮食习惯及饮食文化习俗。

学生活动：

每个小组分享自己小组制作的菜品，介绍需要什么食材，大致的制作步骤是什么，味道怎么样。全班学生分享美食并评论。

学习支架：

学生在介绍过程中练习使用这两课的生词和句型。

◎项目式学习评价

附录1：学习过程评价表

评价维度	评价等级（A、B、C）
学习热情高，积极参与学习过程	
课堂上认真听讲，踊跃发言	
善于自学，课外积极搜集学习资料	
善于向周围的人请教求知	

附录2：学习效果评价表

评价维度	评价等级（A、B、C）
菜品介绍内容完整，条理清楚	
语言准确，无明显差错	
绘画的菜肴图片美观	

五年级"Yummy food on the 'New Silk Road'"

◇项目设计教师 | 卢晓芳　　　◇课时安排 | 10课时

项目式学习基本信息表

主课程学科	英语
关联学科	信息科技、科学、数学、美术
教材	新魔法英语五年级
教学单元或知识点	Food and drink

◎驱动性问题或任务

小学高年级的学生有一定的语言基础和语法基础，Food and drink 模块是在梳理四年级下册和五年级上册的教材整体内容后，分类出来的饮食主题，也是在学校英语文化节期间学习完"一带一路"的知识后由学生自己提出的项目设计。主要任务如下：

1. 了解中国美食的由来和特点，并制作思维导图。

2. 讨论曾经去过的国家或者打算去的国家，分享各国美食，并按照国家分组。

3. 收集整理资料，了解所选国家的背景知识和饮食习惯，制作个人思维导图。

4. 分组讨论和分享制作的思维导图，合作完成所选国家的文化背景导图，制作PPT。

5. 制作英文菜单和优惠券，设计餐厅和特色美食，分享设计图，给出意见。

6.制作所选国家的特色美食，准备好材料并写下清单和步骤，拍摄照片或录制视频并分享，评价和记录活动的收获。

7.运用科学知识分析饮食中的营养结构和成分，学习食物金字塔，并能绘制正确的一日三餐的食物金字塔和分析当季美食的营养构成。

8.设计调查问卷，进入学校食堂进行调研；发放问卷，梳理出餐厅整改意见，并开始分组设计餐厅和菜单；修改完善设计图，制作美食推广海报和视频；布置好"新丝路国家餐厅"，能根据图片和食物名称选择自己喜欢的食物，并能用英语进行点餐。

9.评选校园"新丝路旅游达人"和"新丝路米其林餐厅窗口"，并请室内设计师、厨师、学校领导、教师和学生对展示进行有效评价。

◎项目式学习目标

学科知识：

1.学习有关食物的知识，了解什么是健康食品，什么是不健康食品，掌握饮食和不同国家名称相关的新词。

2.收集"新丝路"国家的自然地理环境、人文因素、历史发展过程和当地美食等方面的资料。

学科能力：

1.学会制作思维导图和写反思。

2.在信息科技课上学会制作PPT。

3.在科学课上学会区分健康食品和不健康食品。

4.能使用预习表总结本单元的线索，并在小组中分享。

5.能在照片的帮助下使用关键的句型和短语来写报告。

6.能识别不同种类的食物和它们来自的国家；能够创建对话，写下自己的食谱，并在课堂上展示。

7.能设计一个关于学校食堂的问卷，并发给各年级的学生；收回问卷并对结果进行分析。

核心素养：

1.树立为他人服务的意识。

2. 与同学建立信任并树立合作意识。

3. 训练通用技能，如协作、沟通、创造、批判性思维和解决复杂问题的能力。

◎项目式学习活动

▷活动一

工具及资源：教材、单词卡、PPT　　活动收获：制作思维导图

学生活动：

1. 学习表示中国特色美食的英语单词和英语点餐句型。

2. 制作中国美食的思维导图。

学习支架：

教师教学中国美食的英语单词和基本的英语点餐句型并指导学生制作思维导图。

▷活动二

工具及资源：小组讨论

学生活动：

1. 每个学生列出自己想要去的国家或即将去旅行的国家。

2. 选择相同国家的学生组成一组，每组4—8人。

学习支架：

教师协助学生列出想去旅游的国家并引导学生分组讨论。

▷活动三

工具及资源：网络、书籍　　活动收获：制作思维导图

学生活动：

1. 按照"丝路新图"的国家线路，各小组利用网络搜索或者查看书籍等方式，收集整理相关图片和文字。

2. 将资料进行归类和整理，学生各自制作所选国家的背景和饮食习惯思维导图。

学习支架：

教师介绍"丝绸之路"的历史和由来以及"新丝路"国家，引导学生上网搜索、收集、整理不同国家的背景和饮食资料并指导学生完成思维导图。

▷ **活动四**

工具及资源：电脑、话筒、笔、绘画工具、评价单

活动收获：完成综合导图、PPT 和制作菜单

学生活动：

1. 分组分享个人思维导图，讨论并完成"丝路新图"中所选国家的背景知识综合导图。

2. 在信息科技教师的指导下完成介绍"丝路新图"中所选国家的 PPT，介绍所选国家的背景知识和饮食，并进行讲解。各小组对本次介绍进行评价。

3. 各小组根据所选国家的饮食习惯制作菜单。

学习支架：

1. 教师协助学生按相同国家分组讨论并完成综合导图。

2. 教师协助学生制作和修改 PPT。

3. 教师引导学生展示和评价。

4. 教师指导学生制作菜单。

▷ **活动五**

工具及资源：营养金字塔

活动收获：优化菜单

学生活动：

1. 科学教师对每组菜单进行营养分析，引导学生了解食物在营养金字塔中的比例和营养结构，并讨论是否需要优化菜单。

2. 统计出所选国家的当季美食，分组讨论其营养结构和制作材料。

学习支架：

1. 教师介绍营养金字塔。协助学生分析菜单中食物的营养结构和成分并优化所选

食物的比例搭配。

2. 教师协助统计所选国家的季节性美食，分组并引导学生准备材料。

▷ 活动六

工具及资源：照相机、手机、录制软件、评价单

活动收获：制作材料清单

学生活动：

1. 用英语写出制作材料。

2. 讨论并用英语写出制作步骤。

3. 分组开始制作。

4. 拍摄照片或者视频进行分享。

5. 各小组对本次分享进行评价。

学习支架：

1. 教师指导学生写作并指导学生上网搜索制作过程。

2. 教师指导学生拍照和录制视频，并引导学生评价。

▷ 活动七

工具及资源：小组讨论、菜单、优惠券

活动收获：优化菜单，制作优惠券、餐厅海报，设计餐厅草图

学生活动：

1. 学习英文优惠券的制作。

2. 总结之前制作完成的美食，设置对应的餐厅，包括名称、主题、口号、人员、场所、菜单、优惠券、广告宣传、内部布置、食物配置等，每个餐厅要有一个特色美食，学生分工准备。

3. 设计自己的国家餐厅并将设计图进行分享。

学习支架：

1. 教师指导学生学习优惠券的构成及设计理论和技巧，设计餐厅外观和确定特色饮食。

2. 教师引导学生分组讨论设计是否合理。

▷活动八

工具及资源：菜单、餐厅设计草图

活动收获：设计菜单终稿、调查问卷、餐厅终稿、海报，录制视频

学生活动：

1. 设计调查问卷，分组到学校食堂调研，给学生发放调查问卷。

2. 回收问卷，统计数据，总结出学生最喜欢的餐厅样式和菜肴。

3. 分组设计餐厅和菜单，修改完善之前的设计草图。

4. 请专业设计师举行讲座，为各组的设计提供理论依据和评价参考。

5. 制作美食推广海报和录制视频，布置好"新丝路餐厅"。

学习支架：

1. 教师协助学生设计调查问卷并带领学生进学校食堂调研。

2. 教师协助学生统计分析结果并协助学生修改设计草图。

▷活动九

工具及资源：餐厅布置所需物品、"新丝路旅游达人"卡、"新丝路米其林餐厅窗口"牌、评价表格

活动收获：推广海报、"新丝路旅游达人"卡、"新丝路米其林餐厅窗口"牌、校园餐厅升级方案

学生活动：

1. 根据学生们投票选出的最喜欢的餐厅设计，完成推广海报或视频。

2. 按照窗口分组布置好餐厅，安排好工作人员，并做好宣传。

3. 在各窗口开展"美食节"，做好大家喜欢的菜肴，学生自主选择自己想去的餐厅窗口，以"餐厅点餐"为情境，学会使用优惠券，进行简单的交流并点出自己喜欢的菜品。

4. 每到餐厅的一个特色饮食窗口点餐成功后获得一张"新丝路旅游达人"卡，被点餐最多的窗口评为"新丝路米其林餐厅窗口"。

学习支架：

1. 教师指导学生完成海报并协助学生布置餐厅。

2. 教师教学国外菜品单词，协助学生复习点餐基本句型。

3. 教师引导学生制作"新丝路旅游达人"卡、"新丝路米其林餐厅窗口"牌，并分好各小组窗口，布置特色餐厅，装饰完毕并迎客。

4. 请室内设计师、厨师、学校领导、教师和学生对展示进行有效评价。优秀的餐厅设计和最受欢迎菜品直接进入学校餐厅升级改造方案。

◎项目式学习评价

附录1

评价组				受评组				
受评组员								
评价项目	团队合作（10%）	搜索资料（10%）	思维导图、PPT、视频、海报制作（40%）	餐厅布置推广（10%）	营养分析、菜品改良（10%）	个人表现（10%）	家长参与（5%）	小组互评（5%）
正向反馈								
改进建设								

附录2

Group name:	Your name:	Class:
Group members in this project:		
Your name & job:		
I have learned the following new words and sentences from this project:		
I have got good ways to learn English by doing this project:		
Except for English, I still learn other things from this project:		
We have done well in this project:		
We need to improve:		
What did I do for our group in this project?		
I can learn these from my group members and this project:		

五年级 "Protecting the Earth"

◇项目设计教师 | 王婧　林子恩　　　◇课时安排 | 4课时

项目式学习基本信息表

主课程学科	英语
关联学科	信息科技、美术
教材	新魔法英语五年级上册
教学单元或知识点	Unit 6 *That's our Earth*

◎驱动性问题或任务

地球因人类活动遭到不同程度的破坏，我们有责任、有义务立刻采取行动保护地球。那如何落实呢？我们要推动并做好"3R"（reduce、reuse、recycle）工作，以看似微小的举动保护我们的地球家园。

驱动性问题：保护环境我们在行动，作为小学生的我们如何推动学校的"3R"工作？

◎项目式学习目标

学科知识：

1. 学习并掌握破坏及保护环境的行为表达：cut down trees、give out smoke、leave the lights on、leave the taps on、throw cans away、fix a dripping tap、turn off the lights、recycle paper、reuse plastic bags、recycle plastic bottles。

2. 能够熟练运用以下句型表达环境状况及建议：

（1）...have/has already done...

（2）...haven't/hasn't done yet...

（3）Why don't we...?

（4）Perhaps/Maybe...

学科能力：

1. 能够恰当地用英文表达环境现状。

2. 能够提出相应的保护环境的措施。

3. 能够正确地谈论推动学校"3R"工作的建议。

核心素养：

1. 语言能力：能够熟练运用相关语言知识，谈论环境现状，并提出相关建议推动学校的"3R"工作。

2. 思维品质：能用英语分析环境破坏的现状、人类的行为，并以此进行推理、判断并提出相应的措施。

3. 文化意识：理解中国国情和学校情况，了解"3R"工作的实施背景和现状。

4. 学习能力：能够运用合作学习等方式提出可行的方案并落实倡议书等。

◎项目式学习活动

▷**活动一**

项目阶段：启动阶段（课内进行）　活动时间：10分钟

工具及资源：电脑投影、云图　活动收获：开展头脑风暴形成云图

活动目标：

创设项目情境，提出驱动性问题。

学生活动：

小组合作开展头脑风暴，了解当前地球的环境状况。

学习支架：

安排学生合作讨论，并将学生提出的单词、短语等输入云图中。

▷活动二

项目阶段：启动阶段（课内进行） 活动时间：10分钟

工具及资源：电脑投影、道具 活动收获：对词组进行分类

活动目标：

学生课堂学习相关词汇，教师培养学生的学科能力和通用素养。

学生活动：

1. 根据云图学习相关词组。

2. 将词组与图片匹配。

3. 对词组进行归类：哪一类是破坏行为，哪一类是保护行为？

学习支架：

1. 引导学生从云图中总结出本课词汇。

2. 展示图片，让学生进行匹配。

3. 利用板书道具让学生将词组进行归类讨论。

▷活动三

项目阶段：探究阶段（课内进行） 活动时间：20分钟

工具及资源：电脑投影 活动收获：各小组能总结成果

活动目标：

搭建任务框架，进行步骤梳理，学生明白如何利用课程的知识完成项目式学习，回答驱动性问题。

学生活动：

看一则关于环保"3R"法则的动画宣传片，了解"3R"法则对环境保护的作用。

学习支架：

播放动画宣传片，安排小组合作总结"3R"法则。

▷活动四

项目阶段：探究阶段（课外进行） 活动时间：50分钟

工具及资源：电脑、手机、相机、调查问卷 活动收获：各小组能整合信息

活动目标：

学生自主学习"3R"法则的具体应用，了解相关资讯并采集信息，培养信息处理能力、自主学习能力。

学生活动：

收集关于保护环境的"3R"法则的相关资料：拍照、收集小区物业具体措施、搜集标语等。

学习支架：

指导学生分组：社会调查组、资料搜集组、信息整合组（PPT 制作）。

▷ **活动五**

项目阶段：探究阶段（课内进行）　活动时间：20分钟

工具及资源：电脑、平板电脑　活动收获：完善 PPT、展示方案

活动目标：

学生学习表达环境状况及建议的句式，并运用相应句式来根据调查情况进行相应汇报，培养表达能力、资讯分享能力。

学生活动：

1. 学习四个句式：

（1）...have/has already done...

（2）...haven't/hasn't done yet...

（3）Why don't we...?

（4）Perhaps/Maybe...

2. 利用所学句式准备汇报，完善 PPT。

学习支架：

1. 教授四个句式。

2. 指导学生运用所学句型探讨信息收集成果。

▷ **活动六**

项目阶段：展示阶段

工具及资源：电脑、评价表　活动收获：各小组展示探究成果

活动目标：

1. 巩固单词、句型等语言知识点，培养学生的小组合作能力。

2. 按学生特点进行合理分工，培养其团队意识和奉献精神，强化学生保护环境的意识。

学生活动：

1. 小组分享搜索到的照片、具体措施、宣传标语等资料。

2. 用活动五所学的四个句式分析环境现状并提出相关建议。

学习支架：

1. 引导学生有序完成展示。

2. 指导各小组按不同维度进行相互评价。

3. 各小组进行评价总结。

▷ **活动七**

项目阶段：拓展阶段

工具及资源：思维导图、倡议书模板　活动收获：小组完成倡议书

活动目标：

培养学生的综合实践能力，推进"3R"法则在学校实施，强化学生的社会责任感和公民意识。

学生活动：

1. 利用课本上的思维导图进行探讨。

2. 提出"3R"法则在学校实施的具体措施，并完成倡议书。

学习支架：

指导学生利用思维导图进行讨论，帮助学生利用模板完成倡议书。

◎ **项目式学习评价**

1. 学科知识评价：单元测试。

2. 学科技能及核心素养评价：附录1、附录2。

附录1：自我评价表

Self assessment (on a scale of 1–5)	
Listening: Can I understand the dialogues between the teacher and other students?	
Speaking: Can I speak fluently and express myself in a clear way using the key vocabulary and sentence patterns?	
Reading: Can I understand every piece of information I read and use certain reading strategies?	
Writing: Can I use what I've learnt to express what I think?	
Cooperation: Can I cooperate well with my group members and make a contribution?	

附录2：同伴互评表

Peer assessment (on a scale of 1–5)						
Evaluation	Group 1	Group 2	Group 3	Group 4	Group 5	Group 6
Cooperation						
Performance						
Effect						
Awareness						

六年级 "Taking care of the Earth"

◇项目设计教师 | 卢晓芳　　　　◇课时安排 | 4课时

项目式学习基本信息表

主课程学科	英语
关联学科	信息科技
教材	新魔法英语六年级下册
教学单元或知识点	Unit 1 *Take care of our Earth*

◎驱动性问题或任务

地球是我们唯一的家园，在世界地球日即将到来之际，请同学们以宣传海报的形式向"地球村"居民展示地球的变化，呼吁大家一起用实际行动保护我们的家园。

◎项目式学习目标

学科知识：

1. 基于新魔法英语六年级下册 Unit 1 *Taking care of the Earth*，学习相关单词、词组、句子和语篇。

2. 能用英语谈论地球的变化，能正确使用 "We should/shouldn't..." 描述如何保护自己和家人。

3. 认识表示五种污染的词组——water pollution、air pollution、dust pollution、land pollution、chemical pollution，能借助网络信息渠道搜索污染发生的原因和影响。

4.认读 a drill、a factory、a landfill、a pile driver、chemicals、construction、heavy traffic，并能使用它们描述污染产生的原因和影响。

5.了解英语宣传海报的结构、内容、口号和句型，学会使用句型"We can/can't…""We should/shouldn't…""We ought to/ought not to…"描述解决办法，并给出解决建议。

学科能力：

1.能自主或合作完成课堂任务。

2.能在语境中基本准确理解和运用语言，能熟练运用简单英语进行交际；能自主听说课内外英语读物，养成阅读习惯；了解写作体裁、格式和方法，能对语篇内容进行分析理解。

3.观看视频和听声频后，分享感受，表达自己对污染的看法和建议。

4.能记录问题并利用信息技术搜索答案，能查找并记录污染产生的原因和影响，为完成思维导图做准备。

5.通过信息技术查阅保护地球的相关内容和口号等，根据教师给的小贴士、海报制作流程和模板，同伴合作或者自主完成宣传海报制作。

核心素养：

对研究项目感兴趣，对项目内容能进行深层次思考，有判断、操作、总结和创新的能力；能自主探究和合作学习，能对自己和同伴作出正确评价。

◎项目式学习活动

▷活动一

项目阶段：启动阶段（课内进行）　活动时间：10分钟

工具及资源：图片、视频

活动目标：

创设项目情境，提出驱动性问题。

学生活动：

1.了解本课主题。

2.复习表示天文现象的单词。

3. 观看视频，学习有关地球的基本知识。

4. 通过图片对比，找出地球的环境变化。

学习支架：

1. 介绍项目学习课程。

2. 展示四种天文现象，引出我们居住的星球——地球。

3. 引导学生角色扮演，并根据视频内容介绍地球的基本情况。

4. 提出问题，让学生了解地球在过去和现在的差异。

▷ **活动二**

项目阶段：启动阶段（课内进行）　活动时间：10分钟

工具及资源：电脑、海报模板

活动目标：

搭建任务框架，进行步骤梳理，学生明白如何利用课程的知识完成项目式学习，回答驱动性问题。

学生活动：

1. 了解2024年地球上发生的事件，思考如何保护自己，并上网搜索更多的办法。

2. 了解驱动性问题：在4月22日世界地球日来临之际，我们如何用实际行动保护地球？

3. 学习和了解世界地球日的背景知识和2024年的主题。

4. 学习宣传海报制作内容、句型模板和宣传口号。

5. 扩充并完善海报制作的内容。

学习支架：

1. 了解2024年地球上发生的事件，引导学生思考如何保护自己。

2. 展示驱动性问题，引导学生阐述世界地球日的历史和2024年的主题。

3. 介绍世界地球日的背景知识。

4. 给出宣传海报制作小贴士，指导学生学习4种海报内容、3个句型模板和4条宣传口号。

▷活动三

项目阶段：探究阶段（课内进行） 活动时间：20分钟

工具及资源：视频、录音、图片

活动目标：

学生基于本单元内容，学习相关单词、词组、句子和语篇，认识表示五种污染的词组，能运用所学知识描述污染产生的原因和影响。

学生活动：

1. 学习制作海报需要的工具和内容。

2. 观看视频，学习表示五种污染的词组，通过问题找到更多的污染种类、原因和造成的影响。

3. 听录音，找出声频中提及的三种污染种类。看图学习如何用英语描述污染产生的原因和造成的影响。

4. 学习录音中的新单词，思考这些单词是属于污染产生的原因还是污染造成的影响。

5. 看图描述图中污染产生的原因和污染造成的影响。

学习支架：

1. 介绍制作海报的工具和内容。

2. 播放一段视频，引出地球上的灾难——污染。教学表示五种污染的词组，提出问题让学生探究地球上的污染现状，找出污染产生的原因和污染造成的影响。引导学生记录问题，询问学生观看视频后的感受。

3. 播放录音，引导学生找出录音中提及的污染种类、原因和影响。

4. 讲解污染相关的新词汇，引导学生思考这些词汇是污染产生的原因还是污染造成的影响。

5. 看图说明污染产生的原因和污染造成的影响，教师示范，再请学生讲解。

▷**活动四**

项目阶段：探究阶段（课外进行） 活动时间：50分钟

工具及资源：网络、书本、思维导图模板

活动目标：

学生能利用信息技术和其他相关资源搜集自己需要的信息，对项目内容能进行深层次思考，培养判断、操作和总结的能力。

学生活动：

1. 借助网络和书本查找污染的种类、产生原因和造成的影响。

2. 记录污染产生的原因和造成的影响，借助网络和其他相关资源，完成思维导图并分享到 QQ 群。

3. 对思维导图进行相互评价和学习。

4. 修改完善思维导图。

5. 使用信息技术查找资料，整合本单元知识点，小组合作讨论海报的主题和内容是否贴合，检查英语单词和句子的书写。

学习支架：

1. 引导学生查找资料：污染的种类、污染产生的原因和污染造成的更多的影响。

2. 给出模板，指导学生完成思维导图，包括污染种类、产生原因、影响和解决办法。

3. 对思维导图进行总体评价，给出修改意见。

4. 引导学生自我梳理本单元的知识点，小组讨论海报的格式、内容和要求，进行海报的检查。

▷**活动五**

项目阶段：探究阶段（课内进行）　活动时间：20分钟

工具及资源：海报模板、照相机 / 手机

活动目标：

学生自主或合作完成课堂任务，能整理处理信息，并能结合本课主题描述解决办法，给出建议。

学生活动：

小组合作或者自主完成一份世界地球日的宣传海报，根据海报的结构和教师给出的小贴士，选择合适的主题和内容，展示地球的变化，给出保护地球环境的建议。

学习支架：

给出一个宣传海报的简单模板，包括海报制作五步法：主题、姓名、内容、口号和涂色。引导学生拍摄自己的作品并分享到 QQ 群。

▷ **活动六**

项目阶段：展示阶段　工具及资源：学生制作的宣传海报、评价表

活动目标：

1. 通过宣传讲解英文海报，提高英语口语表达能力；通过听取其他小组的宣传海报汇报，提高英语听力水平。

2. 通过小组展示，挖掘、汇总地球上目前遇到的环境问题，形成尊重自然、爱护生命的态度及对自然和社会的责任意识。

3. 通过合作展示、合理分工，形成合作与分享的意识。

4. 通过自评和互评，学会观察和发现、自我总结、欣赏他人，提高探究问题的能力。

学生活动：

1. 分小组展示宣传海报作品，用英语介绍地球现状，宣传保护地球的做法和建议。（要求使用"We can/can not..."“We should/shouldn't...”“We ought to/ought not to...”句型）

2. 将优化后的宣传海报粘贴在黑板上，各小组根据表格开展自我评价，全班开展相互评价。

3. 总结本单元知识点，分享本次课程的感受和收获，结束课程。

学习支架：

1. 指导海报讲解的流程，引导学生分组介绍海报，复习句型和单词。

2. 介绍评价表格，引导学生进行自我评价和同伴评价。

3. 引导学生分享本次课程的感受和收获。

▷ **活动七**

项目阶段：拓展阶段

工具及资源：学生制作的宣传海报、宣传点相关准备材料

学生活动：

推选出"十佳宣传海报"，世界地球日当天在学校设立宣传点，开展保护地球的讲解和宣传。

学习支架：

1. 指导学生完成"十佳宣传海报"的选拔。

2. 帮助学生设立世界地球日宣传点，协助做好前期准备工作，如布置宣传点、粘贴海报、准备资料、指导宣传内容。

3. 协助开展相关宣传活动，关注后期的反馈情况。收集宣传点反馈信息，改进宣传措施。

◎项目式学习评价

附录1

	Me	My father/mother	My brother/sister	My friend
spoken English	★★★★★	★★★★★	★★★★★	★★★★★
writing English	★★★★★	★★★★★	★★★★★	★★★★★
new idea	★★★★★	★★★★★	★★★★★	★★★★★
practical abilities	★★★★★	★★★★★	★★★★★	★★★★★
cooperation	★★★★★	★★★★★	★★★★★	★★★★★
the number of total stars				

Assessment for the product

Name： Class：

附录2

Ticking time

	★ ★ ★	★ ★	★
I know the causes and effects of pollution			
I know ways to protect the Earth			
I can read and write new words and phrases			
I can share my ideas with others			
I can make a mind map			
I can make a poster			

一年级"动物奥运会"

◇项目设计教师 | 李志远　刘骏杰　　　　◇课时安排 | 3课时

项目式学习基本信息表

主课程学科	科学
关联学科	生物、数学
教材	教科版科学一年级上册
教学单元或知识点	"在观察中比较""起点与终点""做一个测量纸带"

◎驱动性问题或任务

比较和测量是科学研究的基础，也是科学研究的重要技能。学生通过使用数字和标准的测量单位，能明确表达物体的长度、质量等属性。本项目以"动物奥运会"为背景，学生根据对动物的了解给动物报名比赛，初步了解生物多样性；通过设计蛙跳比赛，引导学生意识到比赛中的公平原则；最后，学生通过制作纸带学会测量。

◎项目式学习目标

学科知识：

1. 学会比较。

2. 学会设计公平的比赛（设置起点和终点）。

3. 学会制作纸带进行测量。

学科素养：

1.能调动多种感官并运用简单的方法观察和描述事物之间的相同之处和不同之处。

2.能以讨论、画画等形式进行描述和交流。

3.会使用简单的测量工具。

核心素养：

1.意识到观察、比较和测量是人们认识世界的基本方法。

2.认识到人们总是在解决问题的过程中不断地完善和改进，从而培养能力。

单元词汇：

1.观察：有目的、有计划、有方向、比较持久的知觉活动。

2.比较：对比同类事物的异同。

3.距离：在空间上相隔或间隔的长度。

◎项目式学习活动

▷活动一

工具及资源：教材、塑料青蛙、纸带

学生活动：

1.为动物报名，并说出理由。

2.设计蛙跳比赛。

学习支架：

1.引导学生分析动物的特长。

2.指导学生设计公平的比赛。

▷活动二

工具及资源：教材、动物模型

学生活动：

1.完善蛙跳比赛，使比赛公平。

2.解决不同动物参加同一种比赛的公平性问题。

学习支架：

1. 分好小组。

2. 提供大小不同的动物模型。

▷**活动三**

学生活动：

每小组负责一项比赛，举办"动物奥运会"。

学习支架：

组织比赛。

◎项目式学习评价

在项目式学习结束后，要求学生学会比较和测量，并能运用到生活中。

后 记

随着新课标的全面实施，教育领域正经历着一场深刻的变革，核心素养的培养已成为教育领域关注的焦点。教育不仅仅是知识的传授，更是培养学生适应未来社会、具备终身发展能力的基石。基于这样的理念，我们汇集了一批在新课标背景下积极探索、勇于实践的优秀教师，将他们多年的教学经验、课堂实践案例结集成册，希望为教育工作者提供有价值的参考。

为了实现培养学生核心素养的目标，我们需要不断探索和创新教育方法和手段。基于真实的教学正是一种有益的尝试和试验。它将学习与实践紧密结合，让学生在真实的情境中发现问题、解决问题，从而提升自我。这种学习方式不仅能够激发学生的学习兴趣和主动性，更能够培养学生的创新思维和实践能力。同时，它还能够帮助学生更好地理解知识在实际生活中的应用和价值，增强他们的社会责任感和公民意识。此外，我们还需要关注学生的个体差异和个性发展。每个学生都是独特的个体，他们有着不同的兴趣、爱好和潜能。作为教育工作者，我们应该尊重学生的个性差异，努力发现每个学生的优点和特长，为他们提供个性化的教育方式和机会。通过个性化的教育，我们可以帮助学生更好地认识自己、发展自己、实现自己的人生价值。

在本书的编写过程中，我们深感教育改革的必要性和迫切性。面对日新月异的科技发展，我们重新审视教育的本质和目标。未来社会需要的人才不仅要有扎实的学科知识，而且要具备创新精神、批判性思维、合作能力等核心素养。因此，我们的教育应该更加注重学生的实际需求和发展潜力，以培养他们的终身学习能力和适应未来社会的能力。

本书的编写，力求凸显以下几个特点：首先，我们关注真实的教学。在传统的教学中，学生常常处于被动接受知识的状态，而真实的学习则要求学生置身于实际情境中，通过实践去发现问题、解决问题。本书中的案例，都是从真实的生活、社会和科学实践中提炼出来的，旨在引导学生从实践中学习，从真实中感悟。其次，我们强调核心素养的培养。在新课标背景下，学生的核心素养成为教育的核心目标。本书中的案例，都紧紧围绕核心素养展开，如批判性思维、创新精神、合作能力等。通过这些案例，我们希望能够帮助教师更好地理解和实施以核心素养为导向的教育。最后，我们注重案例的实用性和可操作性。为了便于一线教师参考和使用，在案例的选择上，我们力求多元化，涵盖了不同学科、不同年级的教学实践。我们对被选入的42个优秀案例都进行了详细的说明和解析。同时，我们还提供了丰富的素材和资源，帮助教师更好地进行课堂设计。

在本书的编写过程中，为了确保案例的实用性和针对性，我们特邀了多位教育领域的专家进行指导与审稿。通过专家的视角，我们可以更深入地理解核心素养的精髓，从而更好地将其应用到实际教学中。

我们得到了华东师范大学朱伟强教授、陕西师范大学张文兰教授、南山外国语学校（集团）梁明书记和南山外国语学校（集团）文华学校众多一线教师的支持。在此，我们要向他们表示衷心的感谢！同时，也要感谢出版社的编辑们，正是他们的辛勤付出，才使得这本书能够顺利出版。我们希望这本书能够对广大教师有所启发和帮助，也希望广大教师能够在使用过程中提出宝贵的意见和建议。未来，我们将继续关注教育改革的新动态，不断更新和完善本书的内容和结构，以期更好地服务于广大教育工作者。让我们携手同行，共同探索基于真实的教学，努力培养具有核心素养的新一代学子！

胡丹

2024 年 12 月